Immobilienfinanzierung

Neue Kredite, neue Wege

Kai Oppel, Sven Radtke

2. Auflage

Inhalt

Immobilienfinanzierung: Die größten Fehler   5
- Fehler 1: Unpassende Tilgung   6
- Fehler 2: Falsche Zinsbindung   12
- Fehler 3: Blindes Vertrauen   21
- Fehler 4: Knappe Kalkulation   26
- Fehler 5: Ungenutzte Fördermöglichkeiten   30

Neue Wege zum Kredit: Baugeldvermittler   37
- So arbeiten Baugeldvermittler   38
- Daran erkennen Sie einen guten Baugeldvermittler   44
- So nutzen Sie den Baugeldvermittler für sich   48

Die neue Kreditvielfalt   57
- Überblick: Welcher Kredit eignet sich für wen?   58
- Festzinsdarlehen   59
- Volltilgerdarlehen   61
- Konstant-Darlehen   62
- 8plus5-Darlehen   64
- Vollfinanzierung   66
- Die Starterhypothek U35   71
- Familienhypotheken   73

- Festzinsdarlehen mit Ausstiegsoption 75
- KfW-Kredite 78
- KfW-Kombidarlehen 81
- Bauspardarlehen 82
- Variable Darlehen 86
- Cap-Darlehen 92
- Kombinierte Darlehen 94
- Fremdwährungsdarlehen 96
- Spezialkredite 102
- Realkredite 104
- Kapitalbeschaffung 106
- Welche Darlehen bringt die Zukunft? 107

Wenn der Kredit läuft: Anschlussfinanzierung 111

- Die größten Fehler 112
- Intelligente Lösungen 118

- Stichwortverzeichnis 125

Vorwort

Vor dem Hintergrund der im Jahr 2008 aufgetretenen globalen Finanzkrise steht ein Immobilienkauf unter zweierlei Vorzeichen. Einerseits findet nach den Totalausfällen bei einigen Geldanlagen eine Rückbesinnung auf tatsächliche Vermögenswerte statt – zu denen wertbeständige Immobilien gehören. Andererseits wurde der Finanzkollaps gerade durch das Platzen der US-Immobilienblase ausgelöst.

Auch in der zweiten Auflage dieses TaschenGuides dreht sich alles um die optimale Finanzierung von Immobilien. Fakt ist: Wären die Immobilienkäufer in den USA nach den hier vermittelten Informationen vorgegangen, hätten viele von ihnen auf den Immobilienkauf verzichtet. Denn: Das Vorhaben kann nur glücken, wenn die Finanzierung den finanziellen Bedürfnissen des Kreditnehmers entspricht, indem etwa Vollfinanzierungen durch eine höhere Tilgung und lange Zinsfestschreibung abgesichert werden.

Damit Ihr Immobilienkauf ein solides Investment wird, finden Sie in der Zweitauflage bewährte und wichtige Tipps. Zudem gibt das Buch einen aktuellen Überblick über die neusten Kreditarten und Möglichkeiten, die Immobilienfinanzierung zu bestmöglichen Konditionen zu erhalten – etwa über einen Baugeldvermittler.

Kai Oppel und Sven Radtke

Immobilienfinanzierung: Die größten Fehler

Der Kauf einer Eigentumswohnung oder der Bau des eigenen Hauses ist für viele Menschen die größte Investition im Leben. Daher ist es entscheidend, die Finanzierung umsichtig zu planen, denn jeder Fehler kostet schnell tausende Euro.

In diesem Kapitel lesen Sie

- welche Stolpersteine bei der Tilgung drohen (S. 6),
- welche Zinsbindung für Sie die richtige ist (S. 12)
- wie Sie Ihr Vorhaben richtig kalkulieren (S. 26) und
- welche Förderungen sinnvoll sein können (S. 30).

Fehler 1: Unpassende Tilgung

1 Prozent, 2,5 Prozent – weiß ich nicht: Bei der Wahl der optimalen Anfangstilgung sind die meisten Bauherren unsicher. Wie eine Baugeld-Studie des Baugeldvermittlers HypothekenDiscount ergeben hat, halten 14,7 Prozent der 567 Befragten eine Anfangstilgung von 1 Prozent für optimal. 12,9 Prozent finden eine Anfangstilgung von 2,5 Prozent richtig. Das Problem: Solche pauschalen Annahmen können die Baufinanzierung unnötig verteuern – oder schlimmstenfalls gefährden.

Warum verschätzen sich so viele Darlehensnehmer bei der Wahl der Tilgung? Ein Hauptgrund: Sie wissen nicht, was die Tilgung bedeutet. Tilgung ist ein anderes Wort für Rückführung. Sie besagt, wie viel Geld regelmäßig eingesetzt wird, um den Kredit zurückzuzahlen. Die Anfangstilgung bei einem üblichen Hypothekenkredit mit festem Zins bezeichnet dabei lediglich die Rückführungsleistung bei der ersten Rate. Schon bei der zweiten Rate ist der Tilgungssatz etwas höher.

Beispiel: Zins und Tilgung verschieben sich

Herbert Kunze möchte einen Kredit über 100.000 Euro aufnehmen und mit 1 Prozent Anfangstilgung starten. Liegen die Bauzinsen bei 4,5 Prozent, so ergäbe sich daraus für Herrn Kunze eine Monatsrate in Höhe von 458,33 Euro. Wenn man sich diese Rate genauer ansieht, stellt man fest, dass sie sich aus einem Zinsanteil und einem Tilgungsanteil zusammensetzt. Und weil die Rate immer gleich hoch sein soll, verschiebt sich jeden Monat der Anteil von Zins und Tilgung. Das heißt: Im ersten Monat würde Herr Kunze 375 Euro für Zinsen bezahlen und 83,33 Euro für die Tilgung. Beides zusammen ergibt die

> Monatsrate von 458,33 Euro. Im zweiten Monat jedoch bezahlt Herr Kunze schon etwas weniger Zinsen – nämlich 374,69 Euro. Sein Tilgungsanteil hat im Gegenzug um 32 Cent zugenommen. Die Rate beträgt weiterhin 458,33 Euro. Im Laufe der Zeit ändert sich die Zusammensetzung immer mehr. Nach 10 Jahren, wenn die Restschuld noch 87.530 Euro beträgt, liegt der Anteil der Zinszahlungen bei nur noch 328,24 Euro und der Tilgungsanteil beläuft sich bereits auf 130,09 Euro.

Im Lauf der Immobilienfinanzierung steigt innerhalb der gleichbleibenden Monatsrate (beim Annuitätendarlehen, siehe S. 59) der Tilgungsanteil an und der Anteil für die Zinszahlungen nimmt ab. Dies verdeutlicht die folgende Grafik.

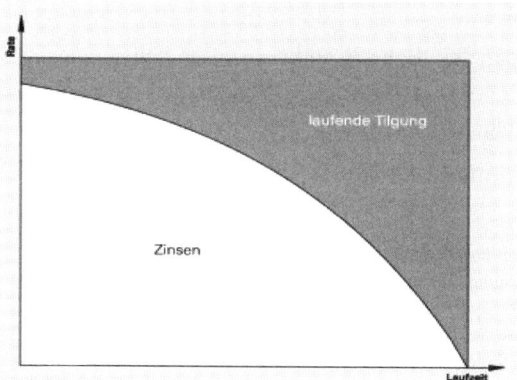

Der Tilgungsanteil wird mit den Jahren immer größer.

Die gerade Linie oben zeigt die gleichbleibende Rate. Oberhalb der Kurve (laufende Tilgung) befindet sich der Tilgungsanteil. Er nimmt mit den Jahren zu. Unterhalb der Line (Zinsen) sehen Sie den Zinsanteil. Dieser verringert sich.

Doch wie hoch ist die richtige Tilgung? Das muss jeder individuell kalkulieren. Zwei Faktoren sind bei der Wahl der Tilgungshöhe besonders zu berücksichtigen: erstens der Umfang der zur Verfügung stehenden Mittel, zweitens die aktuelle Höhe der Kreditzinsen. Dies wird auf den folgenden Seiten erläutert.

> Die optimale Tilgungshöhe gibt es nicht. Sie ist immer von den finanziellen Verhältnissen, den Wünschen des Darlehensnehmers und dem Bauzinsniveau abhängig.

Zusammenhang zwischen Bauzinsen und Tilgung

Es klingt paradox: Hohe Hypothekenzinsen haben zumindest einen Vorteil – man ist schneller schuldenfrei. Wieso dies so ist, zeigt folgende Überlegung:

Beispiel: Einfluss der Zinshöhe auf die Kreditlaufzeit

Herbert Kunze aus dem obigen Beispiel (S. 6) nimmt ein Darlehen über 100.000 Euro auf und startet mit einer einprozentigen Tilgung. Nehmen wir an, dass der Kreditzins nicht 4 Prozent beträgt, sondern satte 9 Prozent – wie es beispielsweise Anfang der 90er-Jahre, kurz nach der Wiedervereinigung, der Fall gewesen ist. In diesem Fall müsste Herr Kunze eine Monatsrate von stolzen 833,33 Euro aufbringen.

Wenn wir diese Rate genauer ansehen, stellen wir fest: Der Tilgungsanteil wächst schneller als bei niedriger Verzinsung. Das hat eine einfache Ursache: Weil die Rate insgesamt viel höher ist, wird durch die einprozentige Tilgung mehr Geld zurückgeführt. Die Folge: Herr Kunze wäre bei einem Hypothekenzinsniveau von 9 Prozent bereits nach 25 Jahren schuldenfrei – also 15 Jahre früher als bei einem Zinsniveau von 4 Prozent.

Erkauft wird diese schnellere Tilgung durch einen hohen Hypothekenzins. Weil die Höhe der Hypothekenzinsen einen Einfluss auf die Kreditlaufzeit und die Tilgungsgeschwindigkeit hat, sollten Sie bei Ihrer Immobilienfinanzierung die Tilgungsleistung auch von der Höhe der aktuellen Bauzinsen abhängig machen.

Kreditlaufzeit hängt vom Zinsniveau ab

Zinsniveau	Gesamtlaufzeit des Darlehens
3 %	46 Jahre, 6 Monate
4 %	40 Jahre, 4 Monate
5 %	35 Jahre, 11 Monate
6 %	32 Jahre, 7 Monate
7 %	29 Jahre, 10 Monate
8 %	27 Jahre, 7 Monate

Annahme: einprozentige Anfangstilgung, gleichbleibender Zins bei Anschlussfinanzierung

Niedrige Bauzinsen, höher tilgen

Grundsätzlich gilt: Bei Bauzinsen von unter 5 Prozent sollten Häuslebauer und Immobilienkäufer eine höhere Anfangstilgung als 1 Prozent wählen, um die Laufzeit der Baufinanzierung im Zaum zu halten. Da die Kreditrate bei niedrigen Bauzinsen ohnehin sehr günstig ist, könnten sich etliche Darlehensnehmer eine Anfangstilgung von 2 oder 3 Prozent leisten. Genau darauf gehen jedoch viele Bankangestellte überhaupt nicht ein. Sie empfehlen ihren Kunden stets und ständig eine Anfangstilgung von 1 Prozent – weil sie es nicht anders gelernt haben. Wer an einen solchen Berater gerät, sollte sich fragen, ob er sich wirklich in guten Händen befindet. Was viele nicht wissen: Eine schlechte Beratung wirkt sich mindestens genauso auf die Kosten einer Immobilienfinanzierung aus wie die Höhe der Konditionen. Denn: Wer beispielsweise bei einem Hypothekenzinsniveau von 4,5 Prozent mit einer einprozentigen Anfangstilgung beginnt, obwohl er sich problemlos 3 Prozent leisten könnte, der zahlt allein in den ersten 10 Jahren für seinen Kredit 5.200 Euro mehr an Zinsen, als eigentlich notwendig wären.

Hohe Bauzinsen, niedriger tilgen

Doch die Bauzinsen bewegen sich nicht immer zwischen 3 und 5 Prozent. Es gab in Deutschland sogar schon Hochzinsphasen, in denen Bauherren für ihr Darlehen mehr als 12 Prozent Hypothekenzinsen hinblättern mussten. Wenn die Bauzinsen so hoch sind, ist auch die Monatsrate für ein Hypothekendarlehen nicht niedrig. Daher kommt für viele Darlehensnehmer aus finanziellen Gründen lediglich eine Tilgung von 1 Prozent in Frage. Natürlich ist ebenso eine Anfangstilgung von 2, 3 oder mehr Prozent denkbar – wenn es die Haushaltskasse zulässt.

Belastbarkeit entscheidet über Tilgung

Neben der Höhe der Bauzinsen entscheiden natürlich die finanziellen Möglichkeiten eines jeden Kreditnehmers darüber, wie hoch die Anfangstilgung ausfallen darf. Die Tilgung sollte so hoch gewählt werden, dass der bisherige Lebensstandard gehalten werden kann – und im Notfall Geld für unvorhergesehene Ausgaben vorhanden ist. Denn: Die Zahnspange für das Kind, die Anschaffung eines neues Kühlschranks oder die Autoreparatur steht immer dann an, wenn niemand damit rechnet.

> Insgesamt sollte Ihre monatliche Belastung, die sich aus dem Hypothekenkredit ergibt, 40 Prozent Ihres gesamten Nettoeinkommens nicht überschreiten.

Welche Tilgung für Sie optimal ist, können Sie selbst bestimmen. Vergessen Sie Pauschaltipps von Bankberatern oder Freunden. Wem Nettoeinnahmen von 3.500 Euro im Monat zur Verfügung stehen, der kann sich mehr leisten als eine einprozentige Anfangstilgung, die bei 150.000 Euro Kredit eine Monatsrate von 687 Euro ergeben würde. Hier wäre eine Tilgung von 3 Prozent möglich, die eine Monatsrate von 937,50 Euro nach sich zöge. Dies spart erhebliche Zinskosten und senkt die Kreditlaufzeit von 38 Jahren auf 20 Jahre.

Anfangstilgung	1 %	2 %	3 %	4 %
Rate bei Kredithöhe 100.000 €*	458,33 €	541,67 €	625 €	708,33 €
Kreditkosten**	42.400 €	39.800 €	37.200 €	34.600 €
Ersparnis ***	0 €	2.600 €	5.200 €	7.800 €

*Zinsniveau 4,5 %, **10 Jahre Zinsbindung, ***Ersparnis im Vergleich zu 1 % Anfangstilgung

Tilgung an Situation anpassen

Da sich die Finanzsituation eines jeden Darlehensnehmers ändert, sollte die Tilgungsleistung den aktuellen Gegebenheiten angepasst werden. Wer trotz seiner Immobilienfinanzierung am Jahresende Geld übrig hat, sollte von Sondertilgungsrechten Gebrauch machen. Sondertilgungsoptionen kosten mittlerweile meist keinen Aufschlag mehr. Einige Kreditinstitute erlauben eine jährliche Sondertilgung von bis zu 10 Prozent der Darlehenssumme.

> Tipp: Einige Kreditnehmer verzichten auf Sondertilgungen, weil sie das Geld lieber als Sicherheitspuffer auf die hohe Kante legen. Im Herbst 2008 bot die Münchener Hypothekenbank erstmals einen Kredit („Münchener Reverse") mit reversibler Sondertilgung an. Das bedeutet: Man kann sich die geleistete Sonderzahlung bei Geldknappheit wieder auszahlen lassen – und zwar ohne Gebühren. Fragen Sie Ihre Bank oder den Baugeldvermittler nach einer solchen Option.

Die Krankheit eines Angehörigen oder eine nicht geplante Babypause können die finanzielle Situation schlagartig ändern. In diesem Fall kann man heute eine so genannte Tilgungsanpassung nutzen. Viele Kreditinstitute erlauben, die Tilgung im Rahmen der Zinsbindung bis zu fünf Mal zu ändern. Erkundigen Sie sich also, ob die Ihnen angebotene Baufinanzierung eine Tilgungsanpassung zulässt.

Fehler 2: Falsche Zinsbindung

Im Vergleich zur Anschaffung eines Autos oder Fernsehers ist das Abbezahlen der eigenen vier Wände eine langwierige Angelegenheit. Während die Ratenzahlung für einen Fernseher nach 36 Monaten abgeschlossen ist und sich ein Auto ohne Umstände in 72 Monaten finanzieren lässt, dauert es im Durchschnitt 30 bis 35 Jahre, bis ein Immobilienkäufer das traute Heim sein Eigen nennen darf. Diese lange Zeit bringt Gefahren mit sich. Denn die so genannte Zinsbindung darf nicht mit der Laufzeit verwechselt werden.

Was bedeutet Zinsbindung?

Die Zinsbindung drückt aus, wie lange die Kreditzinsen bei einer Baufinanzierung gelten. Ein anderes Wort für Zinsbindung lautet Zinsfestschreibung. Immobilienkredite werden mit Zinsbindungen von 1 bis 30 Jahren vergeben. Dabei endet die Laufzeit des Darlehens in den wenigsten Fällen mit der Zinsbindung. Vielmehr muss nach der ersten Zinsbindungsperiode ein Anschlusskredit gesucht werden (siehe S. 112), und dies birgt verschiedene Risiken. Welche Zinsbindung für Sie in Frage kommt, hängt von vielen Faktoren ab. Dazu zählen:

1 Ihre Einkommenssituation
2 Ihr Sicherheitsbedürfnis
3 Ihre Risikobereitschaft
4 Ihre Erwartungen an die Wirtschaftsentwicklung
5 Der Zeitpunkt, an dem Sie schuldenfrei sein möchten

Während bei Konsumentenkrediten die Laufzeit mit der Zinsbindung nach 2, 3 oder 5 Jahren endet, schließt sich bei der Immobilienfinanzierung nach einer beispielsweise zehnjährigen Zinsfestschreibung oftmals eine Anschlussfinanzierung an, der nicht selten eine zweite und manchmal sogar dritte

Anschlussfinanzierung folgt. Wer also im Jahr 2009 einen 150.000-Euro-Hypothekenkredit zu 4,5 Prozent mit zehnjähriger Zinsbindung und einer Anfangstilgung von 1 Prozent aufnimmt, für den ist nach 10 Jahren noch lange nicht Schluss. Im Gegenteil: Ohne zusätzliche Sondertilgungen würde seine Restschuld zum Ende der zehnjährigen Zinsbindung im Jahr 2019 bei beachtlichen 135.000 Euro liegen. Und für diese Restschuld muss abermals ein Hypothekenkredit mit einer neuen Zinsbindung aufgenommen werden. Eine so genannte Prolongation steht an.

Beispiel: Auswirkungen der Zinsbindung

Die junge Familie Müller hat im Frühjahr 2008 eine Eigentumswohnung ganz ohne Eigenkapital gekauft. Dafür hat sie einen Kredit über 100.000 Euro aufgenommen und sich für eine Zinsbindung von 5 Jahren sowie eine Anfangstilgung von 1 Prozent entschieden. Da die Kreditzinsen zum Abschlusszeitpunkt bei 5 Prozent lagen, ergibt sich eine Monatsrate von nur 500 Euro. Das freut die Familie Müller außerordentlich. Schließlich bezahlte sie bisher 480 Euro Miete und konnte so für nur 20 Euro mehr im Monat in die eigenen vier Wände investieren. Doch spätestens im Jahr 2013 könnte für Familie Müller ein böses Erwachen folgen. Dann nämlich läuft die fünfjährige Zinsbindung aus. Im Frühjahr 2013 steht also eine Anschlussfinanzierung für die Restschuld an, die in diesem Fall bei rund 94.300 Euro liegt – falls Familie Müller zwischenzeitlich keine Sondertilgungen vorgenommen hat. Sollten bis dahin die Reformen der Bundesregierung Wirkung gezeigt haben und Deutschland befände sich in einem Wirtschaftsboom, ergäbe sich folgende Situation: Um die Geldmenge trotz des Wirtschaftswachstums zu regulieren, würden Kredite mit hoher Wahrscheinlichkeit wesentlich teurer sein als im Jahr 2008. Es ist also möglich, dass die Müllers ihre Prolongation zu Zinssätzen von 7, 8 oder mehr Prozent vornehmen müssen. Lägen die

> Bauzinsen bei 7 Prozent, würde die Monatsrate der Müllers plötzlich von bisher 500 Euro auf 657 Euro klettern. Wenn die Familie die zusätzlichen 150 Euro nicht mehr bezahlen könnte, geriete die gesamte Baufinanzierung in Gefahr. Genau dieses Risiko hätte Familie Müller mit einer langen Zinsbindung ausschließen können. Eine Zinsbindung von 10, 15 oder 20 Jahren hätte für längere Zeit Zinssicherheit gegeben.

Viele Darlehensnehmer unterschätzen die Konsequenzen, die sich aus der Entwicklung der Bauzinsen ergeben.

Die Bewegung der Bauzinsen beachten

Die Konditionen für einen Hypothekenkredit verändern sich jeden Tag. Ob die Zinsen für ein Baudarlehen steigen, hängt von vielen Faktoren ab. Dazu zählt die Lage auf den Anleihen- und Aktienmärkten ebenso wie die Entwicklung des Rohölpreises oder die Auswirkung eines politischen Konflikts. Niemand kann die Entwicklung der Bauzinsen genau vorhersagen. Wohl aber lässt sich eine Prognose abgeben, ob sie eher steigen oder eher fallen werden.

Wer die Entwicklung der Bauzinsen so schlecht vorhersehen kann wie den Wetterbericht, sollte sich mit Hilfe von Zinsberichten informieren. So genannte Zinskommentare analysieren die aktuelle Wirtschaftslage und entwerfen verschiedene Szenarien, von denen man auf die Entwicklung der Immobilienzinsen schließen kann. Zinskommentare finden Sie in Tageszeitungen oder im Internet.

Neben Zinskommentaren unterstützt Sie ein Blick in die Vergangenheit dabei, das aktuelle Zinsniveau bei Hypothekenkrediten zu bewerten und ein Gespür für den Geldmarkt zu bekommen. In den vergangenen 50 Jahren pendelten die Konditionen für Baugeld zwischen 3,3 und 12 Prozent. Wer beispielsweise im Jahr 1980 einen Kredit aufnahm, tat dies zu einem Zinssatz von rund 12 Prozent. 1990 waren es knapp über 9 Prozent und im Jahr 2004 waren es nur 3,5 Prozent. Ob die aktuellen Bauzinsen hoch oder niedrig sind, kann also unter anderem am langjährigen Durchschnitt festgemacht werden. Baugeld kostete in den vergangenen 30 Jahren durchschnittlich rund 6,5 bis 7 Prozent. Vereinfach lässt sich also sagen: Zinsen von 3 bis 4,5 Prozent sind sehr günstig; Konditionen von 4,5 bis 7 Prozent gelten als normal und durchschnittlich. Und wenn man für einen Kredit mehr als 7 Prozent zahlt, ist er vergleichsweise teuer.

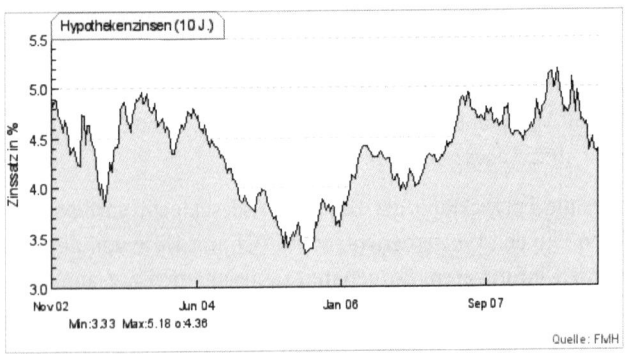

Zinsentwicklung für Baukredite mit zehnjähriger Zinsbindung zwischen 2001 und 2009

Lagen die Zinsen 2002 bei rund 6 Prozent, sind sie 2005 auf unter 3,5 Prozent gefallen. Kredite kosteten damit 2005 fast die Hälfte im Vergleich zum Jahr 2002. Im Jahr 2008 sind aufgrund der Finanzkrise die Zinsen gefallen.

Hohe Zinsen, kurze Zinsbindung

Für die Wahl der richtigen Zinsbindung gibt es eine einfache Formel. Diese lautet: hohe Zinsen, kurze Zinsbindung. In einer Hochzinsphase von 10 Prozent oder mehr sollten Sie sich weder eine zehnjährige noch eine fünfjährige Zinsfestschreibung aufdrängen lassen. Denn: Befinden sich die Zinsen auf einem hohen Niveau, ist es mit Blick auf die Vergangenheit wahrscheinlicher, dass sie fallen – anstatt weiter zu steigen. Daher gilt: In einer Hochzinsphase ist eine Zinsbindung von 1 oder 2 Jahren die richtige Wahl.

> In einer Hochzinsphase kann ein variables Darlehen die richtige Alternative sein. Bei einem variablen Darlehen (auch Flex-Darlehen genannt) werden die Zinsen im Drei- oder Sechsmonatstakt der Marktentwicklung angepasst. (Mehr Informationen zu variablen Darlehen finden Sie im Kapitel über Kreditarten, siehe S. 86.)

Dass manche Bankberater kurze Zinsbindungen oder variable Kredite nicht erwähnen, kann zwei Gründe haben. Ursache 1: Der Bankangestellte kennt die neuartigen Hypothekenprodukte nicht, weil er sich nicht regelmäßig mit dem Thema Baufinanzierung beschäftigt. Ursache 2: Er bietet Ihnen nur Produkte seines Instituts an – und kann dadurch nicht auf neuartige Produkte zugreifen. Beide Gründe sind für den Kunden nachteilig – er zahlt unnötig viel und setzt seine Finanzierung ohne Not einem hohen Risiko aus. Lassen Sie sich also nichts vormachen!

Niedrige Zinsen, lange Zinsbindung

Bei einem niedrigen Zinsniveau verhält es sich mit der Faustregel genau umgekehrt. Pendeln die Immobilienzinsen zwischen 3 und 5 Prozent, sind lange Zinsbindungen von 15, 20 oder mehr Jahren ratsam. Damit sichert man sich eine günstige Rate über einen langen Zeitraum. Diese Strategie ist auch mit Blick auf die Inflation sehr sinnvoll. Schließlich ist eine Monatsrate von beispielsweise 600 Euro in 20 Jahren bei weitem nicht dieselben 600 Euro wert wie heute. Diese Zins- und Kalkulationssicherheit gibt es nicht zum Nulltarif. Längere Zinsbindungen kosten je nach Konjunkturaussichten einen bestimmten Konditionsaufschlag. Dieser kann wenige Prozentpunkte betragen und die Rate lediglich um einige Euro erhöhen, möglich sind aber auch größere Zinsaufschläge von 0,5 Prozent und mehr.

Wie groß die Konditionsunterschiede zwischen einer kurzen und einer langen Zinsbindung sind, darüber gibt die so genannte Zinsstrukturkurve Auskunft. Je flacher diese verläuft, desto geringer ist der Zinsaufschlag für ein Darlehen mit langer Zinsbindung. Schätzen Marktteilnehmer die Wirtschaftsaussichten für die Zukunft besonders schlecht ein, kann es sogar sein, dass es zu einer inversen Zinsstrukturkurve kommt. Das war im Sommer und Herbst 2008 der Fall: Das fehlende Vertrauen der Banken untereinander und die schlechten Prognosen haben dazu geführt, dass kurze Zinsbindungen teurer waren als lange.

Lange Zinsbindung wie Ja-Wort bei der Heirat

Mit einer langen Zinsbindung beim Immobilienkredit verhält es sich ein wenig wie mit dem Ja-Wort bei der Heirat. Solange die Ehe läuft wie geplant, ist alles prima. Wer allerdings nach der Hochzeit frühzeitig aus der Beziehung aussteigen will, für den wird es teuer und kompliziert. Auch aus einer Zinsfestschreibung kommt man nur schwer und unter Kosten heraus. So sinnvoll eine lange Zinsbindung unter dem Sicherheitsaspekt erscheint, so problematisch ist sie, wenn es sich der Darlehensnehmer nach ein paar Jahren anders überlegt. Dann wird genau diese Zinssicherheit zum Nachteil. Gründe, um früher aus dem Kredit aussteigen zu wollen, kann es viele geben: der Umzug in eine andere Stadt, eine neue Beziehung, der Verkauf der Immobilie oder eine Erbschaft, mit der man plötzlich den kompletten Kredit ablösen könnte. Dies ist bei normalen Hypothekenkrediten mit langer Zinsbindung kaum möglich. Erst neuere Darlehensarten bieten hier Abhilfe (siehe kündbare Festzinsdarlehen, S. 75).

Die Vorfälligkeitsentschädigung

Kreditinstitute sind nicht verpflichtet, grundpfandrechtlich besicherte Darlehen vor Ablauf der Zinsfestschreibungszeit zurückzunehmen. Dies gilt nur in Einzelfällen – etwa wenn die Bank einen Kreditrahmen nicht ausweiten will oder wenn die Immobilie verkauft wurde. Stimmt die Bank auch in anderen Fällen einer außerplanmäßigen Rückführung des Darlehens zu, erhebt sie eine Vorfälligkeitsentschädigung. Dabei lässt sie sich einerseits den Zinsschaden bezahlen, der ihr durch die entgangenen Zinsen entsteht. Daneben kann sie weitere Entgelte einfordern. Dadurch lohnt es sich fast nie, ein Darlehen frühzeitig wegen niedriger Zinsen zu kündigen.

Nach 10 Jahren Laufzeit kann allerdings jedes Darlehen gekündigt werden – unabhängig von den Gründen. Wer also eine Zinsbindung von 15 oder 20 Jahren vereinbart, kann nach 10 Jahren auf jeden Fall aus dem Kredit aussteigen. Eine Vorfälligkeitsentschädigung wird dann nicht fällig.

> Tipp: Unter www.stiftung-warentest.de finden Umschulder in der Rubrik Bauen und Finanzieren einen Excel-Rechner, mit dem die Höhe der Vorfälligkeitsentschädigung errechnet werden kann.

Wer eine Vorfälligkeitsentschädigung zahlen muss, sollte die Höhe von einer Verbraucherzentrale überprüfen lassen. Oft ist sie zu hoch veranschlagt.

Welcher Zinsbindungs-Typ sind Sie?

Summieren Sie die Ergebnispunkte.	Ja	Nein	Weiß nicht
1 Erwarten Sie steigende Hypothekenzinsen?	1	0	1
2 Könnten Sie sich in Zukunft problemlos eine um 40 Prozent höhere Rate leisten?	0	1	1
3 Ist es wahrscheinlich, dass Sie künftig über höhere Geldzuflüsse verfügen (Erbe, Lebensversicherung)?	0	1	0
4 Würden Sie, um 1.000 Euro zu sparen, das Risiko eingehen, durch steigende Zinsen im Laufe der Zeit 5.000 Euro Mehrausgaben zu zahlen?	0	1	1

Summieren Sie die Ergebnispunkte.	Ja	Nein	Weiß nicht
5 Haben Sie, bezogen auf den Immobilienkaufpreis, weniger als 20 Prozent Eigenkapital eingesetzt?	2	0	1
6 Liegt Ihre Anfangstilgung bei weniger als 2 Prozent?	1	0	1

Auswertung

- 0 bis 2 Punkte: Laut Testergebnis sind Sie eher chancenorientiert. Darüber hinaus verlangt Ihre Finanzierungsstruktur keine zusätzliche Absicherung. Für Sie ist eine kürzere Zinsbindung von bis zu 5 Jahren die richtige Entscheidung.
- 3 bis 4 Punkte: Sie sollten tendenziell eine Zinsbindung von 5 bis 10 Jahren wählen, da Ihr Sicherheitsbedürfnis größer ist.
- 5 Punkte und mehr: Lassen Sie die Finger von kurzen Zinsbindungen. Sie sollten eine Zinsfestschreibung von mindestens 10 Jahren wählen. Besser ist eine Festschreibung von 15 oder 20 Jahren.

Fehler 3: Blindes Vertrauen

Wie hoch schätzen Sie die Mehrkosten für einen kleinen Zinsunterschied von 0,5 Prozentpunkten ein? Annahme: Es handelt sich um einen Kredit mit zehnjähriger Laufzeit über 150.000 Euro. Je ein Angebot zu 4,2 und zu 4,7 Prozent liegt vor. Nun schätzen Sie: Der Konditionsunterschied verursacht im Laufe der Zinsbindung Mehrkosten in Höhe von:

- A) rund 1.800 Euro
- B) rund 4.300 Euro
- C) rund 8.400 Euro

Und, was haben Sie geraten? Die richtige Antwort lautet „C)". Allein während der Zinsbindungsfrist von 10 Jahren schlägt der Konditionsunterschied mit rund 8.400 Euro zu Buche. Viele Darlehensnehmer verkennen dies völlig. Wie eine Studie ergeben hat, unterschätzt jeder Fünfte die Kostenauswirkungen von Konditionsunterschieden.

> Achtung: Je länger die Zinsbindung, desto mehr schlagen sich Konditionsunterschiede in den Kreditkosten nieder.

Mit günstigen Konditionen sparen

Die Folgen mangelnder Überlegung kosten Bares: Während Autofahrer beim Tanken auf jeden Cent achten, werfen Häuslebauer und Immobilienkäufer tausende von Euro zum Fenster hinaus – indem sie sich auf das erstbeste Angebot der Hausbank verlassen.

Dieses Vertrauen hat verschiedene Ursachen. Ein Grund liegt darin, dass sich viele Darlehensnehmer in der Rolle des Bittstellers sehen. Jahrelang hieß es, man könne froh sein, von der Bank überhaupt einen Kredit zu erhalten. Ein anderer Grund ist, dass die Kosten schlicht unterschätzt werden. Die folgenden Übersichten zeigen Ihnen, wie viel Geld Sie allein durch einen günstigeren Zins im Lauf von 5, 10, 15 oder 20 Jahren sparen.

Ersparnis bei 0,1 Prozentpunkten Zinsunterschied

Zinsbindung/Kredit	50.000 €	100.000 €	150.000 €	200.000 €
5 J.	260 €	540 €	800 €	1.000 €
10 J.	540 €	1.160 €	1.700 €	2.200 €
15 J.	830 €	1.890 €	2.700 €	3.500 €
20 J.	1.130 €	2.700 €	3.800 €	4.900 €

Zinsunterschied 0,1 Prozentpunkte, Zinsniveau 4,5 %, Zinsersparnis wird in erhöhte Tilgung investiert

Ersparnis bei 0,5 Prozentpunkten Zinsunterschied

Zinsbindung/Kredit	50.000 €	100.000 €	150.000 €	200.000 €
5 J.	1.300 €	2.640 €	3.950 €	5.360 €
10 J.	2.775 €	5.550 €	8.400 €	11.500 €
15 J.	4.345 €	8.690 €	13.000 €	18.460 €
20 J.	5.985 €	11.970 €	17.900 €	26.200 €

Zinsunterschied 0,5 Prozentpunkte, Zinsniveau 4,5 %, Zinsersparnis wird in erhöhte Tilgung investiert

Diese Faktoren beeinflussen Ihre Zinsen

Ob die Lage der zu finanzierenden Immobilie, die Höhe des eingesetzten Eigenkapitals, das monatliche Gehalt, das Alter des Darlehensnehmers, die Bauweise und das Alter der Immobilie oder die Zinsbindung: All diese Dinge bestimmen die Höhe der Zinsen, zu denen Sie einen Immobilienkredit aufnehmen können. Das Interessante daran: Jedes Kreditinstitut bewertet die Faktoren unterschiedlich. Und als Kunde weiß man nie, auf welches Kriterium eine Bank besonderen Wert legt. So hat man beispielsweise schlechte Karten, wenn man viel Eigenkapital in die Finanzierung einbringen will und an eine Bank gerät, die Kunden mit viel Eigenkapital keine wesentlich besseren Konditionen gewährt als solchen mit wenig Kapital. Einige Institute bieten bei hohem Eigenkapitaleinsatz vergleichsweise schlechte Hypothekenzinsen, weil sie andere Faktoren stärker bewerten. Wer jedoch in einem solchen Haus wenig oder kein Eigenkapital in die Finanzierung einbringen möchte, ist dort gut aufgehoben.

> Vor jedem Gang zur Hausbank sollten Sie im Internet mit Hilfe eines Zinsrechners ermitteln, in welcher Höhe sich Ihr individueller Hypothekenzins in etwa bewegt. So können Sie das Angebot der Bank besser einschätzen.

Was muss der Finanzberater leisten?

Allerdings kommt es bei der Immobilienfinanzierung nicht nur auf die günstigsten Konditionen an. So kann ein zinsgünstiger Kredit am Ende teuer werden – wenn beispielsweise eine zu kurze Zinsbindung gewählt wurde und aus diesem Grund frühzeitig eine Anschlussfinanzierung zu höheren Zinsen vorgenommen werden muss. Und ein Bauherr fährt möglicherweise mit einem um 0,02 Prozent teureren Kreditangebot besser, wenn dieses eine zinsbereitstellungsfreie Zeit von 6 oder gar 12 Monaten bietet. Kommt es nämlich zu einer Bauverzögerung und der bereitgestellte Kredit wird nicht abgerufen, würden die in diesem Fall üblichen Bereitstellungszinsen entfallen. Die gesparten Bereitstellungszinsen wären hier die bessere Alternative als der Zinsvorteil von 0,02 Prozent.

Filialbanken kaum spezialisiert

Aus all diesen Gründen ist es wichtig, bei der Wahl des Kredites gut beraten zu werden. Doch diese Beratung zu finden ist gar nicht so einfach: Spezialisierte Baufinanzierungsexperten sind in vielen Banken eine Seltenheit – schließlich müssen sich die Bankmitarbeiter in unterschiedlichen Bereichen auskennen. Die Baufinanzierung ist neben Kontoeröffnungen, Altersvorsorge, Vermögensaufbau oder Fragen rund ums Girokonto nur eines von vielen Feldern. Ein anderes Problem: Viele Kunden können die Qualität einer Baufinanzierungsberatung schlecht einschätzen, weil sie sich mit dem Thema selbst nicht auskennen. Es gibt allerdings Filialbanken, die im Bereich der Immobilienfinanzierung mit unabhängigen Vermittlern zusammenarbeiten und dadurch eine gute Produktauswahl und Beratungsqualität bieten (siehe Kapitel „Baugeldvermittler", S. 37).

Darauf müssen Sie achten

Einen Überblick über den Wirrwarr an Immobilienfinanzierungen bietet die Stiftung Finanztest. Dort werden regelmäßig die Konditionen von Baugeldvermittlern und Kreditinstituten veröffentlicht. Ob die Beratungsqualität gut oder schlecht ist, müssen Sie allerdings selbst herausfinden. Folgende Fragen helfen Ihnen dabei:

- Kann der Finanzierungsberater die Vor- und Nachteile von unterschiedlichen Zinsbindungen erklären?
- Geht der Finanzierungsberater intensiv auf das Thema individuelle Tilgung ein?
- Schlägt der Berater auch variable oder flexible Kredite vor, wenn Sie als Darlehensnehmer über unregelmäßige, aber hohe Gehaltseingänge verfügen?

Fehler 4: Knappe Kalkulation

Wenn es um die eigenen vier Wände geht, sind Deutsche zu einigem bereit: Jeder Dritte würde die Anschaffung eines Autos verschieben, jeder Sechste würde teurem Wein abschwören und jeder Zehnte seinen Urlaub opfern. Wie eine Umfrage ergeben hat, wäre es für einige sogar denkbar, dem Partner keine edlen Geburtstagsgeschenke mehr zu machen. Jeweils rund 5 Prozent der 567 Befragten würden für die Erfüllung des Immobilientraums künftig Restaurantbesuche, die Mitgliedschaft im Sportclub oder kostenintensive Präsente streichen.

Genau vor solchen Überlegungen sei ausdrücklich gewarnt. Lediglich große Anschaffungen wie ein Auto oder eine teure Weltreise sollten für die Immobilie geopfert werden. Niemand sollte für die Finanzierung von Wohneigentum seinen bisherigen Lebensstandard dauerhaft ändern und plötzlich auf Geschenke für den Partner, den Kinobesuch oder eine gute Flasche Wein verzichten. Wie erwähnt dauert eine Immobilienfinanzierung im Durchschnitt rund 30 Jahre. Während kurzzeitige Entbehrungen nach einem teuren Urlaub oder einer sehr kostenintensiven Anschaffung wie einem Neuwagen zu vertreten sind, sollte niemand sein Leben langfristig vollkommen ändern müssen. Im Ernstfall gefährdet man dadurch seine Gesundheit oder die Partnerschaft.

Ermitteln Sie Ihren Finanzspielraum

Eine gründliche Kalkulation der eigenen finanziellen Möglichkeiten steht am Anfang jeder Baufinanzierung. Ermitteln Sie daher unbedingt Ihren finanziellen Spielraum – indem Sie alle monatlichen Einnahmen und Ausgaben gegenüberstellen. Bei diesem Kassensturz ist es unabdingbar, dass Sie ehrlich zu sich selbst sind. Oftmals werden bei den Ausgaben solche Größen wie Zeitschriftenabonnements, Autoreparaturen oder Beiträge für Versicherungen und Vereine vergessen oder unter den Teppich gekehrt. Nähere Informationen zum Kassensturz finden Sie auf S. 48.

Formeln und Faustregeln zur Kalkulation

Ob die Wunschimmobilie ins Budget passt, können Darlehensnehmer mit einfachen Formeln selbst überprüfen. Da jedes Kreditinstitut eigene Berechnungsmodelle nutzt, sollten Kreditnehmer immer mehrere Finanzierungsregeln testen. Ein erster Anhaltspunkt: Pro 100 Euro, die Ihnen im Monat zur freien Verfügung stehen, können Sie sich je nach dem Zinsniveau bei Immobiliendarlehen einen Kredit in der folgenden Höhe leisten:

Zinssatz für Kredit	Kreditbetrag je 100 €
4,5 %	20.000 €
5,0 %	18.400 €
5,5 %	17.100 €
6,0 %	16.000 €

Das heißt: Wenn Sie im Monat bisher problemlos 400 Euro übrig haben, können Sie bei einem Hypothekenzinsniveau von 5,5 Prozent einen Kreditbetrag von 68.400 Euro (4 x 17.100 Euro) aufnehmen. Wenn Sie durch den Kauf einer Eigentumswohnung künftig die Miete einsparen, können Sie diesen Betrag hinzunehmen. Wären dies in unserem Beispiel 600 Euro Kaltmiete, kämen nochmals 102.600 Euro (6 x 17.100 Euro hinzu). Damit würde sich ein Kreditbetrag von insgesamt 171.000 Euro (68.400 Euro + 102.600 Euro) ergeben.

Grundsätzlich gilt immer, dass die monatliche Rate für die Baufinanzierung maximal zwischen 30 und 50 Prozent des Nettoeinkommens liegen sollte. Wer eine Immobilie finanzieren möchte, benötigt zudem feste regelmäßige Gehaltseingänge. Die meisten Kreditinstitute verlangen ein monatliches Nettoeinkommen von mindestens 1.500 Euro, um einen Kredit zu vergeben.

> Erwartete Mieteinnahmen aus dem zu finanzierenden Objekt können Sie zu den Einnahmen zählen, allerdings werden diese von den Banken nur zu 50 bis 75 Prozent angerechnet.

Neben den geschilderten Faustregeln helfen auch Formeln dabei, den maximalen Kreditbetrag zu berechnen. Die 3 gängigsten werden hier anhand von Beispielen vorgestellt:

Beispiel: Maximale Kreditsumme berechnen

Berechnungsgrundlage Monatsnettoeinkommen: Der Immobilienkredit darf das 110fache des monatlichen Nettoeinkommens nicht überschreiten. Das heißt: Bezieht ein junges Paar inklusive Kindergeld ein Monatsnettoeinkommen von 2800 Euro, darf die Traumwohnung maximal 308.000 Euro kosten – inklusive Kaufnebenkosten.

Berechnungsgrundlage Jahresnettoeinkommen: Bei dieser Berechnung darf die Immobilie das 7-, 8- oder 9fache des Jahresnettoeinkommens kosten. Das heißt: Verfügt das junge Paar über ein Jahresnetto von 33.600 Euro, kann es eine Immobilie zwischen 235.200 (7faches Jahreseinkommen) und 302.000 Euro (9faches Jahreseinkommen) kaufen. Der Zinssatz für den 235.000-Euro-Kredit ist dabei günstiger als für das 302.000-Euro-Darlehen.

Berechnungsrundlage Kreditaufwand: Der Kreditgeber sagt, dass die Rate für den Immobilienkredit maximal 50 Prozent aller monatlichen Nettoeinkünfte betragen darf. Wer also monatlich 2800 Euro Nettoeinkommen bezieht, kann sich theoretisch eine Kreditrate von bis zu 1.400 Euro leisten. Für 1.400 Euro wiederum kann bei einem Zinsniveau von 4,5 Prozent ein Kredit über rund 305.000 Euro bedient werden.

Muskelhypothek: Nicht übertreiben

Wer ein Haus bauen möchte und dabei durch Eigenleistungen den Preis drücken will, kann bei handwerklichem Geschick viel Geld sparen. Zugleich sei jedoch davor gewarnt, die so genannte Muskelhypothek zu überschätzen. Wer sich mehr zutraut, als er am Ende leisten kann, muss möglicherweise ein Bauunternehmen bestellen und dadurch nachfinanzieren. Damit dies nicht passiert, sollte die Muskelhypothek maximal 5 bis 10 Prozent der Kreditsumme ausmachen. Wer also für den Bau des eigenen Hauses einen Kredit in

Höhe von 250.000 Euro aufnehmen möchte, kann theoretisch bis zu 25.000 Euro als Eigenleistung erbringen. Wie viel Eigenleistung ein Kreditgeber finanziert, unterscheidet sich von Bank zu Bank.

Erbrachte Eigenleistung	Maximaler Eigenanteil
Decken des Daches	0,5 %
Erdarbeiten	2 %
Keller, Mauerwerk	3 %
Geschosse, Mauerwerk	3 %
Verlegen von Fliesen	2 %
Putzarbeiten	2 %
Malerarbeiten	3 %

Beispiel: Eigenleistungen ansetzen

Familie Huber möchte in einem Münchner Vorort ein Haus bauen. Vater und Sohn sind handwerklich begabt. Daher entscheiden sie sich, selbst zu streichen und die Fliesen zu verlegen. Dadurch wollen sie 20.000 Euro sparen. Da die Kreditsumme 500.000 Euro beträgt, können die Hubers für ihre Muskelhypothek theoretisch insgesamt 25.000 Euro geltend machen – da solche Arbeiten wie Streichen und Fliesenlegen mit bis zu 5 Prozent der Kreditsumme veranschlagt werden dürfen.

Fehler 5: Ungenutzte Fördermöglichkeiten

Sowohl der Staat als auch Kommunen und die Kirchen unterstützen besonders Familien beim Immobilienerwerb. Auf den kommenden Seiten soll ein kurzer Überblick gegeben werden.

Wohn-Riester

2008 hat die Bundesregierung selbst genuzte Wohnimmobilien in die geförderte Altersvorsorge einbezogen („Wohn-Riester"). Jeder Sparer, der 2008 vier Prozent seines Jahresbruttoeinkommens auf die Seite legt, erhält den vollen Riesterbonus. Höchstens 2.100 Euro inklusive Förderbeiträgen wandern auf diese Weise jährlich in den Topf. Legt der Sparer weniger zurück, sinken auch die Zuschüsse. Die Zulagen für Erwachsene wurden Anfang 2008 von 114 auf 154 Euro und für Kinder von 138 auf 185 Euro erhöht. Für Nachwuchs, der ab 2008 geboren wird, legt der Staat sogar 300 Euro dazu. Aufwendungen für die Riester-Rente können am Jahresende als Sonderausgaben geltend gemacht werden. 2008 sind bis zu 2.100 Euro abzugsfähig. Für Jugendliche unter 25 Jahren gibt es bei Vertragsabschluss einen Berufsanfängerbonus von 200 Euro.

Wofür kann Wohn-Riester verwendet werden?

Das Riester-Kapital darf für eine selbst genutzte Wohnung oder ein selbst genutztes Haus verwendet werden. Die Immobilie muss den Lebensmittelpunkt und Hauptwohnsitz des Riester-Sparers bilden. Wird das Wohneigentum später verkauft, muss das steuerlich geförderte Kapital wieder in eine Immobilie oder einen Riester-Vertrag angelegt werden. Wohn-Riester kann nicht für ein Zweifamilienhaus, Einfamilienhaus mit Einliegerwohnung oder Mehrfamilienhaus verwendet werden. Auch eine altersgerechte Umrüstung der Immobilie ist nicht förderfähig.

Hauskauf mit Riester

Bislang darf ein Riester-Sparer für den Erwerb eines Eigenheims das angesparte Kapital erst ab einem Guthaben von 10.000 Euro abrufen, wenn er seine Zulagen nicht verlieren will. Da es die Riesterförderung erst seit 2002 gibt, haben die meisten wahrscheinlich noch nicht genug Geld angespart und müssen noch einige Jahre warten. Ob sich Wohn-Riester lohnt, hängt von vielen Faktoren ab, wie die nachfolgenden Beispiele verdeutlichen. Vor allem die nachgelagerte Besteuerung ist genau unter die Lupe zu nehmen.

Beispiel

Ein 42-jähriger Riester-Sparer entnimmt im Jahr 2020 exakt 20.000 Euro aus seinem Vertrag. Mit 62 Jahren, also im Jahr 2040, muss er sein Geld zuzüglich zwei Prozent Zinsen versteuern. Sein Einkommen 2040 beträgt beispielsweise 50.000 Euro. Der Sparer hat nun die Wahl: Entweder versteuert er die Summe sofort mit einem 30-prozentigen Nachlass oder er zahlt die Steuer über 23 Jahre.

Vereinfacht lässt sich sagen: Nach Abzug der Steuern bleiben bei einem Riester-Vertrag rund zwei Drittel bis die Hälfte an reinen Zuschüssen übrig. Damit kann Wohn-Riester zumindest bei der Sofortbesteuerung in etwa der früheren Eigenheimzulage das Wasser reichen. Früher konnten Familien von Staat bis zu 22.800 Euro kassieren.

Wohn-Riester als Tilgung

Die so genannte Tilgungsförderung sieht vor, dass Tilgungsleistungen zugunsten zertifizierter Darlehensverträge steuerlich begünstigt werden. Voraussetzung ist, dass das Darlehen für eine selbst genutzte Wohnimmobilie, die nach dem 31.12.2007 gekauft oder gebaut wurde, eingesetzt wird. Wegen der nachgelagerten Versteuerung muss ein fiktives Wohnförderkonto gebildet werden, auf dem die staatliche Förderung sowie die Tilgungsraten fürs Haus mit jährlich 2 Prozent Zinsen registriert werden. Auf diese Summe muss der Ruheständler dann Steuern zahlen.

Konkrete Erfahrungen zur Bewertung der komplexen Riester-Produkte stehen derzeit noch aus. Banken arbeiten an Produkten zum Wohn-Riester, die voraussichtlich bis Mitte 2009 auf den Markt kommen werden.

> Achtung: Wer ein Wohn-Riester-Darlehen abschließt, sollte unbedingt das Kleingedruckte lesen. Die Liste der „förderschädlichen Verwendung" ist lang. Wenn man die Immobilie während der Rente verkauft oder wenn der Wohn-Riester-Sparer stirbt, können hohe Steuerrückzahlungen drohen!

Die Wohnungsbauprämie 2009

Die Wohnungsbauprämie ist zum 31. Dezember 2008 angepasst worden. Anspruch haben alle steuerpflichtigen Personen ab 16 Jahren, wenn sie prämienbegünstigte Aufwendungen leisten und die Einkommensgrenzen nicht überschreiten. Die Prämie beträgt 8,8 Prozent folgender Aufwendungen, sofern diese im Kalenderjahr mindestens 50 € betragen:

- laufende Bausparbeiträge
- Guthabenzinsen auf Bausparguthaben
- zusätzlich gezahlte Abschlussgebühren

Das bedeutet, dass Sie Geld vom Staat für den Bausparvertrag einbringen können. Je Kalenderjahr werden 8,8 Prozent der Aufwendungen in Höhe von maximal 512 Euro für eine Einzelperson bezuschusst. Wer 512 Euro oder mehr in einen Bausparvertrag einzahlt, bekommt pro Jahr maximal 45,06 Euro dazu. Die Einkommensgrenze beträgt für Alleinstehende 25.600 Euro, für Verheiratete 51.200 Euro.

> Achtung: Mit dem Gesetz zur Eigenheimrente hat das Bundeskabinett die Änderung zur Wohnungsbauprämie zum 1.1.2009 beschlossen. Anspruch auf eine Prämie hat demnach nur, wer zukünftig das Guthaben von Bausparverträgen nachweislich einer wohnwirtschaftlichen Verwendung zuführt. Dazu gehört der Bau von privaten Wohnimmobilien, der Kauf sowie die Modernisierung oder Renovierung von Wohnimmobilien.

Unterstützung von der Kommune

Wie die Aktion-pro-Eigenheim herausgefunden hat, unterstützen Kommunen bundesweit besonders Familien mit Kindern beim Immobilienerwerb. Dabei locken nicht nur kleinere Städte und Gemeinden mit günstigem Bauland. Auch Großstädte wie Hamburg oder Stuttgart bieten Familien teilweise Direktzuschüsse beim Immobilienerwerb. Informationen zu aktuellen Förderungen finden Sie unter www.aktion-pro-eigenheim.de.

Unterstützung von der Kirche

Ob zinslose Darlehen oder Erbbauzinsermäßigung: Laut Aktion-pro-Eigenheim vergeben sieben katholische Bistümer zinsgünstige oder sogar zinslose Darlehen an bauwillige Familien. Zusätzlich, so heißt es auf der gleichnamigen und stets aktuellen Webseite, bestellen 14 katholische Bistümer sowie

20 evangelische Landeskirchen Erbbaurechte, mit denen Bauherren im Vergleich zum Grundstückskauf sparen können. Ein Blick ins Internet kann sich für gläubige Familien also lohnen.

Die Arbeitnehmersparzulage 2009

Der Staat hat die Arbeitnehmersparzulage der Realität angepasst und die förderfähigen Einkommen angehoben. Nach dem Gesetzentwurf vom 27. August 2008 wird die Arbeitnehmersparzulage angehoben. Die Einkommensgrenzen sollen ab April 2009 von bisher 17.900 auf 20.000 Euro (Ledige) und von 35.800 auf 40.000 Euro (Verheiratete) steigen. Gefördert werden Sparer, die ihr Geld in Bausparverträge einzahlen oder die einen Wohnungsbaukredit tilgen. Die Höhe der Sparzulage ist abhängig von der Höhe der angelegten vermögenswirksamen Leistungen. Wer die vermögenswirksamen Leistungen in Bausparverträge anlegt oder zur Entschuldung seines Wohneigentums verwendet, erhält 9 Prozent aus maximal 470 Euro, also 42,30 Euro.

Arbeitgeberdarlehen

Viele Unternehmen gewähren Mitarbeitern Arbeitgeberdarlehen (Mitarbeiterdarlehen). Dabei muss die Darlehensvereinbarung schriftlich in einem Vertrag fixiert werden. Festzulegen sind Darlehenshöhe, Zweck der Zahlung sowie Laufzeit, Verzinsung, Rückzahlungsmodalitäten, Sicherheiten und Kündigungsvoraussetzungen. Ohne schriftliche Regelung zählt das Darlehen in vollem Umfang als steuerpflichtiges Einkommen. Das ist ebenso der Fall, wenn der Arbeitgeber auf die Rückzahlung des Darlehens verzichtet.

Ein wichtiger Punkt ist der Zinssatz – von ihm hängt die steuerliche Behandlung des Arbeitgeberdarlehens ab. Wird das Darlehen zu einem marktüblichen Zinssatz gewährt, bleibt der Darlehensbetrag steuerfrei. Ist das Darlehen günstiger, werden Steuern fällig, denn die Zinsersparnis gehört als geldwerter Vorteil zum steuer- und sozialversicherungspflichtigen Einkommen. Dabei gilt die „Freigrenze für Sachbezüge" von maximal 44 Euro pro Monat bzw. 528 Euro pro Jahr. So lange man unter der Freigrenze bleibt, ist der Zinsvorteil des Arbeitgeberdarlehens steuer- und sozialversicherungsfrei. Profitiert man von einer höheren Zinsersparnis, muss diese versteuert werden. Steigen die Zinsen und damit der Zinsvorteil, spielt das keine Rolle: Für die gesamte Laufzeit zählen die Konditionen am Tag des Vertragsabschlusses.

Beispiel

Wenn ein Arbeitnehmer ein Arbeitgeberdarlehen von 20.000 Euro zu einem Effektivzins von 2,0 Prozent jährlich (Zinsbindung 10 Jahre) erhält und der Marktzins zu dieser Zeit bei 4,70 Prozent liegt, dann beträgt die Zinsverbilligung 2,70 Prozent. Der Zinsvorteil (2,70 % von 20.000 Euro) beträgt damit 540 Euro pro Jahr bzw. 45 Euro pro Monat. Damit wäre die 44-Euro-Freigrenze überschritten und der Vorteil muss mit dem persönlichen Steuersatz versteuert werden. Wenn das Darlehen nur ein bisschen teurer wäre, würde die 44-Euro-Grenze nicht erreicht.

In der Regel kann der Finanzierungsberater sagen, ob die Einbindung eines Arbeitgeberdarlehens lohnt, etwa um den Beleihungsauslauf zu drücken. In einigen Fällen bieten Arbeitgeberdarlehen keinen Vorteil und man tut gut daran, über den Markt zu finanzieren.

Neue Wege zum Kredit: Baugeldvermittler

Baugeldvermittler suchen für Sie als Darlehensnehmer aus dem vielfältigen Kreditangebot die für Sie angemessene Baufinanzierung heraus. Indem Sie diese Maklerdienste in Anspruch nehmen, können Sie Zeit und Geld sparen.

In diesem Kapitel lesen Sie,

- wie Baugeldvermittlung funktioniert (S. 38),
- wie Baugeldvermittler durch ihre Tätigkeit den Kreditmarkt verändern (S. 41) und
- worauf Sie bei der Wahl Ihres Kreditmaklers achten sollten (S. 44).

So arbeiten Baugeldvermittler

Wer ein Haus bauen oder eine Eigentumswohnung kaufen wollte, ging lange Zeit zu seiner Hausbank. Dort fragte er seinen Bankberater nach einem Immobilienkredit und hoffte, überhaupt ein Darlehen zu bekommen. Viele Kunden traten als Bittsteller auf und freuten sich, wenn ihnen ein Darlehen zugesichert wurde. Zu welchen Konditionen, war dabei oft egal. Seit etwa 10 Jahren ist dies anders. Verantwortlich für diesen Wandel ist ein Umbruch auf dem Baufinanzierungsmarkt. Neben herkömmlichen Kreditinstituten spielen in Deutschland so genannte Baugeldvermittler eine immer wichtigere Rolle.

Wie gehen Baugeldvermittler vor?

Baugeldvermittler sind Makler, die sich auf das Thema Baufinanzierung spezialisiert haben. Wie ein guter, unabhängiger Versicherungsvermittler für seine Kunden die passende Versicherung ausfindig macht, so sucht ein Baugeldvermittler für Bauwillige die optimale Immobilienfinanzierung. Der Kunde spart sich dadurch die Anfrage bei jedem einzelnen Kreditinstitut. Weil viele Baugeldvermittler auch auf das Angebot ausländischer Institute zurückgreifen, können sie ihren Kunden bestimmte Kreditarten anbieten, die viele Hausbanken gar nicht führen. Die Beratungsleistung der Vermittler erfolgt überwiegend per Telefon und Internet, weniger im persönlichen Gespräch vor Ort.

Wie arbeitet ein Baugeldvermittler? Baugeldmakler sind selbst keine Bank. Sie vergeben also keine eigenen Kredite.

Vielmehr greifen sie auf das Angebot von Sparkassen, Bausparkassen, Versicherungen und Banken zurück. Der Baugeldvermittler bezieht sein Darlehensangebot von bis zu 70 Kreditinstituten. Dazu zählen etwa die Versicherung Hannoversche Leben, die Landesbank SaarLB, die DSL-Bank, die Deutsche Bank oder auch die Deutsche Kreditbank (DKB).

> Weil Baugeldvermittler ihren Partnerbanken ein großes Kreditvolumen abnehmen und gleichzeitig Kreditabläufe und Prozesse effizient lösen, sind die Darlehen meist preiswerter als bei der Bank selbst.

Baugeldmakler gleichen die Finanzierungsdaten der Bauherren und Immobilienkäufer mit den Kreditanforderungen der verschiedenen Banken und Sparkassen ab. So ermitteln sie für die Kunden einerseits einen passenden Kredit und andererseits einen individuellen Zinssatz.

Wie verdienen Baugeldvermittler Geld?

Für ihre Beratung bekommen Baugeldvermittler von den Kreditinstituten, an die sie einen Kunden vermitteln, eine Provision. Wenn der Vermittler also für den Kunden X eine Baufinanzierung von der Bank A vermittelt, erhält er dafür eine Provision von Bank A. Diese Provision ist stets im Effektivzins des Kredits inbegriffen. Der Kunde muss also kein zusätzliches Geld dafür zahlen, dass er einen günstigen, für ihn geeigneten Kredit erhält.

Darlehensnehmer müssen in der Regel keine Angst haben, dass der Baugeldvermittler nur Kredite von jenen Instituten vermittelt, die die höchste Provision zahlen. Erstens haben die meisten Makler mit allen Kreditinstituten eine gleich hohe Provision vereinbart. Zweitens würde eine zu hohe Provision den Effektivzins in die Höhe treiben – und der Kunde würde seine Immobilienfinanzierung über einen anderen Anbieter abwickeln.

Geschichte der Baugeldvermittlung

In Deutschland zählte der Baugeldvermittler Hypotheken-Discount zu den ersten Anbietern. Das Mannheimer Unternehmen startete bereits im Jahr 1997 mit der Vermittlung von Baufinanzierungen. Später kamen weitere Makler hinzu wie etwa die Interhyp AG oder die Enderlein GmbH aus Bielefeld.

Damit ist dieser Weg, einen Immobilienkredit zu erhalten, in Deutschland vergleichsweise jung. In den USA gibt es Baugeldvermittler, so genannte Mortgage Broker, bereits seit den 1980er-Jahren. Und das Modell hat sich dort bewährt. Rund zwei Drittel aller Baufinanzierungen werden im Land der unbegrenzten Möglichkeiten über den Baugeldmakler abgewickelt.

Auch in Deutschland erfreut sich das Modell zunehmender Beliebtheit. 2008 hat der Anteil von Baugeldvermittlern am gesamten Hypothekenkreditgeschäft geschätzte 10 Prozent betragen. Die auf Banken und Versicherungen spezialisierte Unternehmensberatung Oliver Wyman geht davon aus, dass Baugeldvermittler künftig einen noch größeren Teil der Immobilienfinanzierungen abwickeln werden.

Vertriebskanalmix in europäischen Ländern

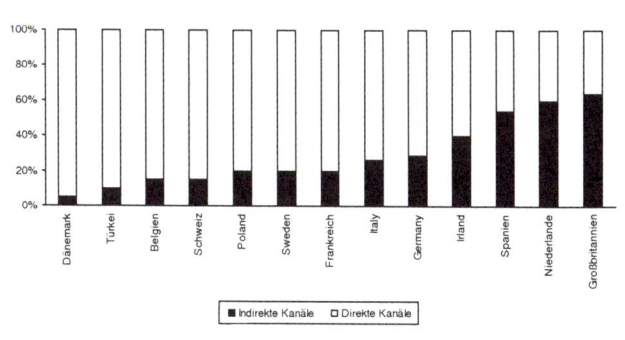

(Balkendiagramm: Dänemark, Türkei, Belgien, Schweiz, Polen, Sweden, Frankreich, Italy, Germany, Irland, Spanien, Niederlande, Großbritannien — Indirekte Kanäle / Direkte Kanäle)

Quelle: Oliver Wyman

Bei Finanzdienstleistungen vertraut mehr als jeder zweite Brite dem Broker. Auch in Deutschland sind Vermittler auf dem Vormarsch.

Engländer setzen bereits auf Vermittler, Deutsche ziehen nach Vertriebskanalmix in europäischen Ländern

Baugeldvermittler verändern den Markt

Neben den auf S. 40 erwähnten Baugeldvermittlern finden Sie im Internet weitere Anbieter auf Portalen wie:

- www.biallo.de
- www.fmh.de

Diese Baugeldmakler beraten ihre Kunden per Telefon und E-Mail sowie teilweise auch in Filialen vor Ort. Die Makler beeinflussen auch das Geschäft der herkömmlichen Banken. So ist es möglich, dass eine Bank, Sparkasse oder Raiffeisenbank im Bereich der Baufinanzierung auf das Produktportfolio eines Baugeldvermittlers zurückgreift. Es ist kein Geheimnis, dass die Citibank in der Immobilienfinanzierung mit dem Baugeldmakler PlanetHome kooperiert. Wer also zur Finanzierung seiner Immobilie in eine Filiale der Citibank geht, bekommt dort die gleiche Produktvielfalt wie bei einem Baugeldmakler. Wie gut dies funktioniert, zeigen jährliche Testurteile. So wurde die Citibank in den Jahren 2006 und 2007 in einem Test der Zeitschrift €uro zur besten Filialbank im Feld Baufinanzierung gekürt und auch vom Magazin Finanztest auf das Siegertreppchen gehoben.

> Wer auf eine persönliche Beratung vor Ort nicht verzichten will, kann zu einer Filialbank gehen, die mit einem Baugeldvermittler kooperiert. Dies ist beispielsweise der Fall bei Banken wie Santander oder Citibank.

Baugeldvermittler als Vertriebskanal

Immer mehr Kreditinstitute nutzen die Baugeldvermittler als Vertriebskanal für neue Produkte. Dass einige Kreditinstitute ihre Hypothekenkredite sowohl über das eigene Filialnetz vertreiben als auch über einen Baugeldvermittler, hat einen einfachen Hintergrund. Sie wollen Kunden nicht verlieren, die sich bereits an einen Makler gewendet haben. So kann es durchaus sein, dass der Kunde bei einem Baugeldvermittler einen Kredit angeboten bekommt, den er auch bei seiner Hausbank erhalten hätte. Meist sind jedoch wie gesagt die Konditionen beim Baugeldvermittler wegen des kostengünstigeren Direktgeschäfts über das Telefon besser.

Banken öffnen sich für fremde Produkte

Damit zeichnet sich bei der Baufinanzierung eine Entwicklung ab, die sich im Bereich des Fondsverkaufs schon lange durchgesetzt hat: Kreditinstitute verkaufen ihren Kunden nicht nur Fonds aus dem eigenen Haus, sondern auch Produkte anderer Anbieter. Warum, das ist leicht erklärt: Kunden sind in Finanzangelegenheiten immer besser aufgeklärt. Wenn jemand einen bestimmten Fond will und diesen bei seiner Bank nicht bekommt, ist er zum Wechsel zu einem Direktanbieter bereit. Bei der Baufinanzierung ist dies nicht anders. Weil einige Banken neue Kreditprodukte wie Forward-Darlehen (S. 118), Vollfinanzierungen (S. 66) oder variable Kredite (S. 86) nicht selbst im Programm haben, schließen sie sich an Baugeldvermittler an. So können sie ihren Kunden den gewünschten Kredit bieten – und sie an das eigene Haus binden.

Wenn Sie eine Immobilienfinanzierung vornehmen möchten, sollten Sie Ihre Hausbank fragen, ob diese auf Produkte anderer Häuser zurückgreift. Wenn dies der Fall ist, bekommen Sie oft einen individuelleren Baukredit. Folgende Häuser bieten unter anderem über ihre eigenen Kreditprodukte hinaus Baufinanzierungen anderer Anbieter an:

- Hannoversche Lebensversicherung
- Santander Consumer Bank
- Citibank
- Hannoversche Volksbank
- Volksbank Mittelhessen

- Sparda-Bank Hamburg
- Volkswagen Bank direct
- Hamburg Mannheimer
- Victoria
- immer mehr Volks- und Raiffeisenbanken

Freie Finanzdienstleister als Baugeldmakler

Ein weiterer Weg zum Baugeld ist jener über einen normalen Allfinanz-Makler, der auch Versicherungen oder Produkte zur Altersvorsorge vertreibt. Auch solche freien Finanzdienstleister docken zunehmend an Baugeldplattformen an. Als Kunde erhalten Sie bei diesen Vermittlern Konditionen, die leicht über denen der Baugeldvermittler liegen – aber noch immer weit unter denen konservativer Kreditinstitute. Da freie Finanzdienstleister nicht immer Experten in der Baufinanzierung sind, arbeiten sie bei der Auswahl der Kredite und bei der Kundenberatung direkt mit den Anbietern der Plattformen zusammen. Darlehensnehmer werden insofern gut betreut.

Daran erkennen Sie einen guten Baugeldvermittler

Wer sich auf der Suche nach einem Hypothekenkredit an einen Baugeldvermittler wendet, kann dessen Qualität an mehreren Faktoren ablesen, die hier kurz erläutert werden.

Servicequalität

Auch Baugeldvermittler, die über Telefon und Internet agieren, können ihren Kunden einen ausgezeichneten Service bieten. Dazu gehört neben solidem Fachwissen auch ein freundlicher Umgang.

Fester Berater für jeden Kunden

Ein guter Baugeldvermittler stellt seinen Kunden von Anfang bis Ende der Kreditbearbeitung einen Berater zur Verfügung. Das heißt: Wer bei einem Baugeldvermittler anruft, erhält in der Regel nach einem Erstgespräch einen direkten Ansprechpartner. Dieser Kundenberater begleitet den Darlehensnehmer vom Antrag bis zur Auszahlung des Darlehens. Er kennt die besonderen Belange des Kunden und kann so eine persönliche Betreuung bieten. Dies ist entscheidend, weil Baufinanzierungen eine sehr sensible und individuelle Beratung erfordern.

Ausgebildete Bankkaufleute

Weil es bei der Baufinanzierung um viel Geld geht, muss sich der Berater auskennen. Dies ist bei den großen Baugeldvermittlern durchgängig gewährleistet. An Telefon und Computer sitzen ausgebildete Bankkaufleute. Darüber hinaus werden Finanzierungsberater bei Baugeldmaklern intern auf das Thema Baufinanzierung spezialisiert.

Vielfalt gewährleistet Unabhängigkeit

Ein weiteres Qualitätskriterium bei der Wahl des Baugeldvermittlers ist dessen Unabhängigkeit. Diese ist gewährleistet, wenn der Vermittler auf eine Vielzahl von Bankpartnern zurückgreift. Wer sich für einen Baugeldmakler entscheidet, sollte darauf achten, dass dieser mit mindestens 20 verschiedenen Kreditinstituten zusammenarbeitet. So ist sichergestellt, dass der Kunde aus einem großen Pool unterschiedlicher Baufinanzierungslösungen die für ihn optimale Variante erhält.

Testurteile und Platzierungen

Eine andere gute Möglichkeit, die Qualität eines Baugeldvermittlers zumindest mit Blick auf die Zinskonditionen einzuschätzen, sind aktuelle Testurteile von Fachmagazinen wie Stiftung Finanztest, Capital oder €uro. So veröffentlicht die Stiftung Finanztest regelmäßig in Tabellenform die günstigsten Baugeldanbieter. Wie dort zu sehen ist, liegen Baugeldvermittler in der Regel zwischen 0,4 und 1,2 Prozent unter den Offerten konservativer Anbieter. Der Baugeldexperte Max Herbst aus Frankfurt am Main hat errechnet, dass Immobilienkredite bei Baugeldvermittlern im Durchschnitt 0,5 Prozent weniger als bei herkömmlichen Kreditinstituten kosten. Auch in Tageszeitungen oder im Internet finden sich regelmäßig Rankings, aus denen der günstigste Anbieter hervorgeht. Vorsicht: Da die Konditionen für Baugeld täglich schwanken, muss der Anbieter von gestern am nächsten Tag nicht automatisch ebenfalls die preiswerteste Alternative sein.

Daran erkennen Sie einen guten Baugeldvermittler

	Ja	Nein
Der Anbieter veröffentlicht auf der Webseite eine Auswahl seiner Partnerbanken.		
Als Kunde bekommen Sie nach einer Erstberatung einen festen Ansprechpartner.		
Die Beratung ist kostenlos und unverbindlich. Alle Kosten sind im Effektivzins enthalten.		
Der Berater bietet nicht nur einen Kredit an, sondern erörtert weitere Alternativen.		
Der Berater bespricht mit Ihnen Tilgung und Zinsbindung und bietet Ihnen nicht nur die Standardvariante an (1 % Anfangstilgung, 10 Jahre Zinsbindung).		
Auf der Webseite des Anbieters finden Sie verschiedene Rechner, mit denen Sie Ihr Immobilienvorhaben vorab kalkulieren können.		
Der Baugeldvermittler wählt unabhängig aus einer Vielzahl von Produkten die passende Finanzierungslösung aus.		

So nutzen Sie den Baugeldvermittler für sich

Wer einen Kredit vom Baugeldvermittler möchte, muss etwas anders vorgehen als bei der Zusammenarbeit mit der Hausbank. Einen Kaffee und ein 4-Augen-Gespräch gibt es meistens nicht. Dafür lässt sich das Vorhaben bequem und in aller Ruhe am heimischen Computer kalkulieren. Und darüber hinaus kann man mehrere tausend Euro sparen. Auf den nächsten Seiten wird erläutert, wie Sie die Finanzierung schrittweise vorbereiten.

1. Schritt: Kassensturz

Bevor man eine Immobilie sucht und einen Kredit beantragt, sollte man zunächst einen gründlichen Kassensturz machen. Nur wer weiß, wie viel Geld ihm tatsächlich jeden Monat zur Verfügung steht, kann die Immobilienfinanzierung auf sichere Beine stellen.

Beispiel

> Gabriele und Klaus Schmidt beziehen zusammen ein Monatsnettoeinkommen von 3000 Euro. Für die Finanzierung ihrer Immobilie wollen sie monatlich 1500 Euro aufbringen. Das Paar listet sämtliche regelmäßige Ausgaben auf – vom Zeitschriftenabonnement bis zu den Rundfunkgebühren. Nach Abzug aller Kosten bleibt den Schmidts ein Finanzpuffer von lediglich 80 Euro im Monat. Wenn im Haushalt der Kühlschrank kaputt geht oder beim Auto eine größere Reparatur ansteht, müssen die Schmidts rund ein halbes Jahr eisern sparen. In dieser Situation ist dem Paar von einem Immobilienkauf abzuraten – oder die Immobilie müsste wesentlich günstiger sein als geplant.

Beim Kassensturz helfen entweder Rechner im Internet – oder ein Blatt Papier und die Kontoauszüge der vergangenen 12 Monate. Tragen Sie all Ihre Einnahmen (Lohn, Gehalt, Zinseinnahmen, Mieteinnahmen, Kindergeld) in einer Spalte zusammen. Dem werden alle Ausgaben gegenübergestellt. Dazu zählen neben den Lebenshaltungskosten die Aufwendungen für Versicherungen, sonstige Kredite, Telefon, Zeitschriftenabonnements, Mitgliedschaften in Sportclubs – und natürlich die Miete. Wer eine Immobilie zur Eigennutzung finanzieren möchte, spart sich natürlich künftig die Miete und muss diese nicht mitrechnen.

> Achtung: Beim Kassensturz sollten Sie ehrlich sein. Ausgaben für Urlaube sollten ebenso berücksichtigt werden wie eine Pauschale für unvorhergesehene Reparaturen oder sonstige Ausgaben. Wenn Sie alle Einnahmen und Ausgaben gegenübergestellt haben, bleibt im Idealfall eine Summe X übrig. Dies ist der Betrag, den Sie neben der künftig gesparten Monatsmiete für die monatliche Hypothekenrate einsetzen können.

2. Schritt: Maximale Darlehenssumme ermitteln

Wenn Sie wissen, wie viel Geld Ihnen monatlich für eine Immobilienfinanzierung zur Verfügung steht, können Sie im nächsten Schritt überprüfen, wie viel Immobilie Sie sich dafür theoretisch leisten können – und ob Ihre Wunschimmobilie ins Budget passt. Auch hier hilft das Internet. Nutzen Sie auf den Webseiten der Baugeldanbieter zunächst einen Zinsrechner. Dieser berücksichtigt Ihre individuellen Finanzierungsdaten und gibt Ihnen einen ersten Anhaltspunkt, zu welchem Zinssatz Sie in etwa einen Hypothekenkredit aufnehmen konnen. Nun haben Sie also zwei Zahlen ermittelt – Ihren individuellen Zinssatz sowie den Betrag, den Sie monatlich für die Finanzierung aufwenden können. Mit diesen beiden Größen sollten Sie nun im Internet einen Maximierungsrechner nutzen. Dieser verrät Ihnen, wie teuer das Traumhaus werden kann, und berücksichtigt bereits anfallende Nebenkosten.

3. Schritt: Darlehensantrag einreichen

Damit der Baugeldvermittler für Sie den optimalen Kredit finden kann, benötigt er zahlreiche Daten von Ihnen. Wie alt sind Sie? Arbeiten Sie als Angestellter oder freiberuflich? Wollen Sie die Immobilie selbst nutzen oder vermieten? Wird die Immobilie teilweise gewerblich genutzt? Wann wurde das Objekt gebaut? Wie viel Eigenkapital möchten Sie in die Finanzierung einbringen?

Diese und andere Fragen zu Ihrer Vermögenssituation, zu Ihrem Einkommen, zum Objekt und zu Ihren persönlichen Verhältnissen sind sehr wichtig. Denn: Die Antworten helfen dabei, den für Sie optimalen Kredit zu finden, der Ihren individuellen Bedürfnissen gerecht wird. Je nachdem, ob Sie beispielsweise selbstständig sind oder als Angestellter arbeiten oder wie viel Eigenkapital Sie in die Finanzierung einbringen möchten, entscheidet sich, bei welcher Bank Sie am ehesten ein Darlehen bekommen und welche Kreditwahl für Sie die günstigste ist.

> Für das Ausfüllen der Darlehensanfrage sollten Sie etwa 20 bis 60 Minuten einplanen. Falls Sie auf eine Frage keine Antwort wissen: Lassen Sie diese entweder erst einmal aus oder rufen Sie bei der Service-Hotline des Anbieters an. Dort sagt man Ihnen, woher und wie Sie die geforderten Daten am einfachsten beschaffen.

4. Schritt: Kredit auswählen

Nachdem Sie Ihre Finanzierungsanfrage bei einem Anbieter eingereicht haben, übernimmt der Baugeldvermittler für Sie die Arbeit. Bei einem seriösen Makler wird Ihnen nun ein fester Ansprechpartner zugewiesen, der sich entweder telefonisch oder per E-Mail bei Ihnen meldet.

Datenbanken helfen bei Kreditsuche

Doch bevor der Berater mit Ihnen Ihre Baufinanzierung bespricht, gibt es einen Zwischenschritt: Eine Datenbank vergleicht Ihre Finanzierungsdaten mit den unzähligen Kriterien der Bankpartner, mit denen der Baugeldvermittler zusammenarbeitet. Dieser Schritt nimmt Ihnen den Gang von Anbieter zu Anbieter ab, den Sie sonst selbst erledigen müssten.

Dieser Prozess führt dazu, dass einige der Kreditinstitute, mit denen der Baugeldvermittler kooperiert, aus der engeren Auswahl ausscheiden. Die eine Partnerbank finanziert beispielsweise keine Selbstständigen, die nächste keine Kunden ohne Eigenkapital, eine andere finanziert nur Darlehensnehmer, die ihr Objekt selbst nutzen wollen, und wieder ein anderes Kreditinstitut bindet vielleicht kein KfW-Darlehen ein, wie es sich der Kunde vorgestellt hat. Aus diesem Grund ist es so wichtig, dass Sie zunächst immer eine Darlehensanfrage ausfüllen und dem Baugeldvermittler schicken. Nur, wenn der Vermittler Ihr Immobilienvorhaben kennt und wichtige Finanzierungsdaten hat, kann er Ihnen konkrete Zinssätze nennen und individuelle Vorschläge unterbreiten.

Jetzt nimmt der Finanzierungsberater in der Regel eine erste Einwertung der Immobilie vor. Das heißt: Anhand der von Ihnen mitgeteilten Daten und Informationen zur Lage und Beschaffenheit der Immobilie kann der Berater einen ersten groben Richtwert des Objektes bestimmen. Die endgültige Einwertung erfolgt beim finanzierenden Kreditinstitut selbst.

Die Finanzierung optimieren

Nachdem die Datenbank potenzielle Kreditinstitute ermittelt hat, die Ihre Baufinanzierung theoretisch darstellen können, beginnt die eigentliche Arbeit Ihres persönlichen Finanzierungsberaters. Dieser wählt aus einer Vielzahl von Vorschlägen, die ihm die Datenbank unterbreitet, jene Kreditvarianten aus, die am besten zu Ihnen passen. Erst danach wird er sich erneut bei Ihnen melden – um mit Ihnen verschiedene Finanzierungsmöglichkeiten zu besprechen.

Gemeinsam mit Ihnen wird der Finanzierungsspezialist Ihre Baufinanzierung optimieren. Nun werden unter anderen folgende Fragen erörtert:

- Welche Tilgungsleistung ist in Ihrem Fall sinnvoll?
- Benötigen Sie Sondertilgungsoptionen – wenn ja, in welcher Höhe?
- Welche Zinsbindung ist für Sie angemessen?

- Ist für Sie ein Festzinsdarlehen die richtige Wahl oder wäre ein flexibles Darlehen mit einem variablen Zinssatz besser?
- Wie verändert sich die Zinskondition, wenn Sie mehr oder weniger Eigenkapital in die Finanzierung einbringen?
- Gibt es geeignete KfW-Fördermittel?
- Lohnt sich der Kauf einer Ausstiegsoption, mit der Sie sich eine Vorfälligkeitsentschädigung sparen können?
- Brauchen Sie einen Kredit mit bereitstellungszinsfreier Zeit?

Das Besprechen und Optimieren Ihrer Immobilienfinanzierung kann einige Zeit in Anspruch nehmen. Am Ende der Beratungsgespräche werden Sie sich aller Voraussicht nach für eine Darlehensvariante entscheiden. Um die Finanzierung voranzutreiben, müssen Sie nun weitere Unterlagen einsenden. Zudem bekommen Sie ein konkretes und verbindliches Konditionsangebot, das Sie innerhalb einer Annahmefrist unterschreiben müssen, da sich der angebotene Zins ansonsten ändert.

5. Schritt: Unterlagen komplettieren

Wer sich für einen bestimmten Kredit entschieden hat, muss nun weitere Unterlagen zusammentragen. Einige Nachweise sollten mit dem Darlehensantrag eingereicht werden, andere müssen nun folgen.

> Achtung: Der Baugeldvermittler kann die Zinskonditionen für ein Angebot in der Regel nur 1 bis 3 Tage lang halten. Es ist daher wichtig, dass Sie fehlende Unterlagen schnellstmöglich einsenden. Wer sich hier zu viel Zeit lässt, riskiert in Zeiten steigender Bauzinsen schlechtere Konditionen.

Nötige Unterlagen beim Kauf einer Immobilie:

- Gehaltsnachweise der vergangenen 3 Monate
- Kaufvertragsentwurf
- Objektunterlagen
- Oftmals: Lichtbilder des Objekts

Nötige Unterlagen bei einer Umschuldung:

- Gehaltsnachweise der vergangenen 3 Monate
- Aktueller Grundbuchauszug
- Objektunterlagen
- Oftmals: Lichtbilder des Objekts

> Schicken Sie dem Baugeldvermittler niemals Originalunterlagen, sondern immer Kopien, die auch unbeglaubigt sein können. Denken Sie zudem daran: Je schneller Sie die Unterlagen einreichen, desto zügiger kann Ihre Baufinanzierung vorangebracht werden.

6. Schritt: Angebot unterschreiben

Damit Sie sich die Zinsen eines Angebotes sichern, müssen Sie die konkrete Konditionsofferte unterschreiben und innerhalb einer Annahmefrist an den Baugeldvermittler zurücksenden. Zugeschickt wird Ihnen das Angebot, nachdem Sie sich für eine Finanzierungsvariante entschieden haben.

7. Schritt: Finanzierung abschließen

Nachdem alle Unterlagen eingereicht sind, prüft die Bank, für die Sie sich entschieden haben, diese Nachweise. In 9 von 10 Fällen erhält der Kreditnehmer die Darlehenszusage vom finanzierenden Kreditinstitut. Damit ist die komplette Baufinanzierung geregelt. Nun muss der Kunde nur noch einige Auflagen des jeweiligen Kreditinstituts erfüllen, damit der Kreditbetrag ausbezahlt wird. So müssen Hausbesitzer zwingend eine Wohngebäudeversicherung abschließen. Mit dieser schützen sie die Immobilie gegen Elementarrisiken oder Schäden durch Wasser und Feuer.

Sollten Sie einen Baugeldmakler beauftragen?

Können Sie eine dieser Aussagen bestätigen?	Ja
▪ Meine Finanzierungssumme liegt zwischen 50.000 und 1 Million Euro.	
▪ Ich benötige den Kredit für eine Eigentumswohnung, für den Hausbau oder zum Hauskauf.	
▪ Ich möchte die Immobilie selbst bewohnen.	
▪ Ich möchte die Immobilie als Kapitalanlage erwerben und vermieten.	
▪ Ich kann mir vorstellen, die Baufinanzierung per Telefon und Internet abzuwickeln.	
▪ Ich bin bereit, für eine Konditionsersparnis von 0,5 Prozent, die mehrere zehntausend Euro ausmachen kann, wichtige Unterlagen zu kopieren und zu verschicken.	

Wenn Sie eine oder mehrere dieser Annahmen bejaht haben, sollten Sie auf der Suche nach einem Immobiliendarlehen auch einen Baugeldvermittler einbeziehen. Baugeldvermittler finden Sie im Internet unter:

- www.baugeldvergleich.de
- www.enderlein.com
- www.hypothekendiscount.de
- www.fmh.de
- www.biallo.de

Die neue Kreditvielfalt

Eine Immobilienfinanzierung muss zum Darlehensnehmer und zum Vorhaben passen. In den letzten Jahren hat sich die Auswahl an Kreditarten vervielfacht – Sie können unter über 100 Varianten wählen. Auf den nächsten Seiten stellen wir Ihnen traditionelle und neue Immobilienkredite vor.

Im folgenden Kapitel lesen Sie

- in einer Übersicht, welches Darlehen sich grundsätzlich für welchen Bauherren oder Käufer eignet (S. 58),
- welche Formen von Festzinsdarlehen (S. 59-64) und variablen Krediten (S. 86-96) es auf dem Markt gibt und
- welche speziellen Kredite für bestimmte Lebenssituationen angeboten werden, etwa wenn Sie Familie haben (S. 73).

Überblick: Welcher Kredit eignet sich für wen?

Welcher Kredit für wen?	Singles, Akademiker, 20 bis 30 J., kaum Eigenkapital, hohes bzw. ansteigendes Gehalt	Familien, Käufer 30 bis 45 J., kaum/kein Eigenkapital, hohes Gehalt	Geschäftsführer, Banker, hohes Gehalt, hoher Bonus	Generation 50 Plus, Eigenkapital, Schuldenfrei bis Rente	Selbständige/ Freiberufler wie Ärzte, Anwälte etc., hohes volatiles Einkommen
Festzinsdarlehen	++	++	+	+	++
Volltilger	++	+	+	++	+
Vollfinanzierung (100%– bis 130%)	++	+	++	o	+
8+5-Kredit	+	++	+	+	+
Variables Darlehen	o	o	++	+	++
Kombidarlehen	+	+	++	+	o
Fremdwährungskredit	o	o	+	o	
Realkredit	+	+	++	++	++
KfW-Kredite	++	++	+	+	+

++ = im Normalfall sehr geeignet
+ = geeignet, Alternativen sollten jedoch geprüft werden
o = selten geeignet, im Einzelfall zu prüfen

Festzinsdarlehen

Festzinsdarlehen sind die häufigsten Hypothekenkredite. Wie das Wort bereits sagt, handelt es sich um Darlehen mit einem festen Zinssatz. Wie lange ein Zinssatz für ein Darlehen gilt, ist von der Zinsbindung abhängig. Eine Zinsbindung von 5 Jahren bedeutet beispielsweise, dass der Darlehensnehmer den Kredit 5 Jahre lang zu einem bestimmten Zins bedienen kann. Eine zehnjährige Zinsbindung gibt 10 Jahre lang Zinssicherheit. Angeboten werden Darlehen mit Zinsfestschreibungen von 1 bis 30 Jahren.

Festzinsdarlehen sind Kredite mit gleichbleibenden Monats- bzw. Jahresraten (Annuität). Wer also einen Kredit mit einer zehnjährigen Zinsfestschreibung wählt, weiß genau, welche Monatsrate er in den kommenden 10 Jahren zahlen muss. Wenn die Zinsbindung endet, ist man jedoch in den seltensten Fällen auch schuldenfrei. Vielmehr steht dann eine Anschlussfinanzierung an (siehe S. 111).

Vorteile eines Festzinsdarlehens

Der größte Vorteil eines Festzinsdarlehens ist, dass der Darlehensnehmer genau die Höhe seiner Rate kennt. Dadurch hat er Kalkulations- und Planungssicherheit. Sich einen Zins für einen bestimmten Zeitraum zu sichern ist durchaus sinnvoll. Schließlich ändern sich die Bauzinsen täglich.

Wann ist ein Festzinsdarlehen mit langer Zinsbindung eine gute Wahl?

- Wenn Sie nur wenig oder kein Eigenkapital in die Baufinanzierung einbringen können. Dann schützt ein Festzinsdarlehen vor steigenden Zinsen und damit vor höheren Monatsraten.
- Wenn die Bauzinsen steigen. Die feste Zinsbindung sichert den günstigen Zins für den gesamten vereinbarten Zeitraum.

> Nach 10 Jahren Laufzeit kann jedes Festzinsdarlehen ohne Angabe von Gründen gekündigt werden – auch wenn eine Zinsbindung von 15 oder 20 Jahren vereinbart wurde.

Beispiel: Lange Zinsbindung

> Kurt Müller, selbstständiger Erfinder aus Köln, entscheidet sich im Sommer 2008 für den Kauf einer 200.000 Euro teuren Eigentumswohnung. Dafür wählt er ein Darlehen mit zehnjähriger Zinssicherheit, für dass er 5,5 Prozent Zinsen aufwenden muss. Im Jahr 2010 meldet der Erfinder ein Patent an, für das ihm ein Unternehmen sofort 250.000 Euro zahlt. Natürlich denkt Kurt Müller darüber nach, sein Darlehen vorzeitig abzulösen. Genau dies ist nicht möglich. Wegen der zehnjährigen Zinsbindung muss er bis zum Jahr 2018 warten, um das Darlehen komplett zurückführen zu können. Die einzige Möglichkeit für ihn, die Rückzahlung zu beschleunigen, sind jährliche Sondertilgungen.

Wann kann ein Festzinsdarlehen mit langer Zinsbindung eine schlechte Wahl sein?

- Wenn mittelfristig ein hoher Geldzugang (Erbschaft, unerwartete Tantieme) zu erwarten ist.
- Wenn die Bauzinsen mittelfristig sinken.

Volltilgerdarlehen

Volltilgerdarlehen sind nichts anderes als Festzinsdarlehen mit langer Zinsbindung. Allerdings steht bei dieser Form keine Anschlussfinanzierung an. Während ein normales Festzinsdarlehen am Ende der Zinsbindung meist prolongiert werden muss, endet das Volltilgerdarlehen tatsächlich mit der vorab bestimmten Laufzeit. Das Prinzip: Der Kreditnehmer sagt, in wie vielen Jahren er schuldenfrei sein möchte. Man gibt also nicht den Tilgungssatz vor, sondern den Zeitraum, in dem das Darlehen zurückgezahlt werden soll. Wer sich für ein Volltilgerprogramm mit zehnjähriger Laufzeit entscheidet, ist nach 10 Jahren tatsächlich schuldenfrei und muss keine Anschlussfinanzierung vornehmen.

Vorteile eines Volltilgerdarlehens

- Es besteht keine Gefahr, dass eine Anschlussfinanzierung zu höheren Zinsen vorgenommen werden muss.
- Der Darlehensnehmer weiß genau, wann er schuldenfrei sein wird.
- Bei Volltilgerdarlehen erhält der Darlehensnehmer in der Regel etwas bessere Konditionen – weil Banken besser kalkulieren können. Möglich sind Konditionsabschläge von bis zu 0,2 Prozent.
- Durch die kurze Kreditlaufzeit spart der Darlehensnehmer Kosten in Höhe von mehreren zehntausend Euro.

Nachteil eines Volltilgerdarlehens

Die relativ kurze Laufzeit von nur 15 bis 20 Jahren erfordert einen bedeutend höheren Tilgungsanteil als bei anderen Darlehen. Dieser zieht eine vergleichsweise hohe Monatsrate nach sich, der Kreditnehmer braucht also eine gute Bonität.

Für wen eignet sich ein Volltilgerdarlehen?

- Kreditnehmer, die eine höhere Monatsrate problemlos bedienen können und die Schulden für eine Immobilienfinanzierung schnell abbezahlt haben möchten.
- Kreditnehmer, die älter sind als 45 Jahre. Sie können mit einem Volltilgerdarlehen dafür sorgen, dass sie rechtzeitig zu Rentenbeginn schuldenfrei sind.

Beispiele: Volltilger- oder Festzinsdarlehen?

> Wer bei einem Zinsniveau von 5 Prozent ein Volltilgerdarlehen über 100.000 Euro aufnimmt und innerhalb von 10 Jahren komplett tilgen möchte, der startet mit einer Anfangstilgung von knapp 8 Prozent. Die Monatsrate liegt dadurch bei stolzen 1050 Euro. Zum Vergleich: Bei einem normalen Annuitätendarlehen über 100.000 Euro würde die Rate bei einer zweiprozentigen Anfangstilgung bei rund 540 Euro liegen. Dafür hätte der Darlehensnehmer zum Ende der zehnjährigen Zinsbindung allerdings auch eine Restschuld in Höhe von 74.000 Euro – für die wieder eine Finanzierung aufgenommen werden muss. Der Volltilger indes ist schuldenfrei.

Konstant-Darlehen

Konstant-Darlehen sind von ihrer Wirkung her nichts anderes als Volltilgerdarlehen mit einer extrem langen Zinsbindung von bis zu 30 Jahren. Durch die längere Laufzeit fällt die Monatsrate wesentlich geringer aus als bei normalen Volltilgerdarlehen. Damit die lange Zinsfestschreibung zu einem vergleichsweise günstigen Zinssatz angeboten werden kann, handelt es sich bei Konstant-Darlehen um eine Kombination aus Annuitätendarlehen und Bausparvertrag. Bei Auszahlung des Vertrags erhält der Darlehensnehmer wie üblich seine Kreditsumme. Mit der Monatsrate wird einerseits der Kreditzins für das Annuitätendarlehen beglichen und andererseits der Bausparvertrag angespart. Nach rund 10 bis 12 Jahren ist es dann so weit: Der Bausparvertrag ist zuteilungsreif und das Bausparguthaben daraus wird teilweise zur Tilgung des Annuitätendarlehens genutzt. Die monatliche Rate eines Konstant-Darlehens bleibt wie bei einem Annuitätendarlehen gleich. Dadurch eignet sich diese Kreditform für sicherheitsorientierte Immobilienkäufer und Häuslebauer. Der Kreditnehmer merkt von dem zu Grunde liegenden Berechnungsmodell nicht viel.

Vorteile von Konstant-Darlehen

- Die niedrige Monatsrate bleibt von Anfang bis Ende des Krediteseleich.
- Eine Anschlussfinanzierung ist unnötig.
- Durch die entfallende Anschlussfinanzierung gibt es kein Zinsrisiko.
- Die bereitstellungszinsfreie Zeit eignet sich gut für Bauherren.

Nachteile von Konstant-Darlehen

- Kaum Flexibilität: Frühes Aussteigen aus dem Kredit ist nicht möglich.
- Zusätzliche Geldzuflüsse können schlecht integriert werden.
- Zinsen sind höher als bei kurzen Zinsbindungen.
- Bearbeitungsgebühr und Abschlusskosten sind vergleichsweise hoch.

Für wen eignen sich Konstant-Darlehen?

- Junge Familien und Darlehensnehmer, die mit geringer Monatsrate in Immobilieneigentum investieren möchten.
- Sicherheitsorientierte Immobilienkäufer, denen langfristig gleichbleibende Monatsraten sehr wichtig sind.

8plus5-Darlehen

Bei diesem erst im Jahr 2007 aufgekommenen Darlehen kann sich der Kreditnehmer nach 8 Jahren entscheiden, ob er die ursprünglich vereinbarte Zinskondition für weitere 5 Jahre beibehalten möchte. Damit gibt ein 8plus5-Darlehen dem Schuldner einerseits die Sicherheit eines Kredits mit dreizehnjähriger Zinsbindung, andererseits ermöglicht die Ausstiegsoption nach 8 Jahren, den Kredit frühzeitig abzulösen. Die Zinskondition entspricht derjenigen für ein zwölfjähriges Darlehen. Kunden erhalten entsprechend eine dreizehnjährige Zinssicherheit zu den Konditionen eines zwölfjährigen Kredits und zudem eine einmalige Ausstiegsoption. Dieser Kredit wird eher von Baugeldmaklern als von Banken angeboten.

Vorteile eines 8plus5-Darlehens

- Der Kreditnehmer erhält eine dreizehnjährige Zinssicherheit zum Preis einer zwölfjährigen Zinsbindung. Je nach Zinsstrukturkurve ergibt sich daraus ein Zinsvorteil von etwa 0,01 bis 0,1 Prozent.
- Flexibilität: Der Kreditnehmer kann nach 8 Jahren entscheiden, ob er aus dem Kredit austreten möchte. Dies wäre sinnvoll, wenn entweder Geld für eine große Tilgung zur Verfügung steht oder wenn die Bauzinsen niedriger sein sollten als zum Zeitpunkt der Kreditaufnahme.
- Sicherheit: Sollten die Baugeldzinsen nach 8 Jahren höher sein als zum Zeitpunkt der Kreditaufnahme, hat der Darlehensnehmer weitere 5 Jahre lang seinen Ursprungszins sicher.

Nachteil eines 8plus5-Darlehens

Diese Darlehensart wird nicht von vielen Kreditinstituten angeboten.

Für wen eignet sich ein 8plus5-Darlehen?

- Kreditnehmer, die sich nicht entscheiden können, ob die Zinsbindung 8 oder 13 Jahre betragen soll.
- Kreditnehmer, die einen größeren Geldeingang erwarten (Erbschaft oder Ähnliches) – aber den Zeitpunkt nicht genau kennen. Ihnen erlaubt die Ausstiegsoption, nach 8 Jahren den Geldzufluss in die Immobilienfinanzierung zu stecken. Bleibt das Geld aus, gibt die dreizehnjährige Zinsbindung dennoch Sicherheit vor steigenden Zinsen.

- Kreditnehmer, die damit rechnen, mittelfristig umzuziehen. Die Ausstiegsoption nach 8 Jahren gewährleistet es, den Kredit komplett zurückzuführen und die Immobilie zu verkaufen.

Vollfinanzierung

Wer früher eine Immobilie kaufen wollte, brauchte vor allem zwei Dinge: erstens Eigenkapital, zweitens einen Bausparvertrag. Der Immobilienkredit selbst galt lange Zeit als dritte Säule einer soliden Finanzierung. Heute jedoch muss niemand mehr warten, bis er ein Drittel des Kaufpreises als Eigenkapital angespart hat oder bis der Bausparvertrag zuteilungsreif ist. So genannte Vollfinanzierungen ermöglichen es, sofort in die eigenen vier Wände zu investieren. In Deutschland tritt diese Finanzierungsform verstärkt seit der Jahrtausendwende auf.

Hoher Beleihungsauslauf

Auch bei Vollfinanzierungen muss man sich für eine bestimmte Zinsfestschreibung und einen Tilgungssatz entscheiden und zahlt eine feste Monatsrate. Einziger Unterschied zu anderen Annuitätendarlehen ist der so genannte Beleihungsauslauf. Dieser ist bei Vollfinanzierungen höher – weil das Eigenkapital fehlt. Ein Kredit mit einem Beleihungsauslauf von 100 Prozent kostet folglich mehr, wird zu höheren Zinskonditionen vergeben, als ein Kredit mit einem Beleihungsauslauf von 60 Prozent.

Beispiel: Was ist ein Beleihungsauslauf?

> Der Ingenieur Klaus Straubel aus Bielefeld möchte eine Eigentumswohnung kaufen. Die Immobilie kostet exakt 100.000 Euro. Nun kalkulieren Banken bei der Finanzierung von Immobilien meist einen so genannten Sicherheitsabschlag ein, der oftmals bei 10 Prozent liegt. Das heißt: Die Eigentumswohnung, die Herr Straubel kaufen möchte, hat in den Augen des Kreditinstituts lediglich einen Wert von 90.000 Euro. Da Herr Straubel erst 25 Jahre alt ist, hat er nur 10.000 Euro Eigenkapital angespart. Dieses Geld entspricht in etwa den Nebenkosten, die er für Makler und Notar aufbringen muss. Damit benötigt er zum Kauf seiner Immobilie 100.000 Euro. Eigentlich braucht er eine Vollfinanzierung über 100 Prozent des Kaufpreises. Weil die Wohnung jedoch in den Augen der Bank nur 90.000 Euro wert ist, beträgt der so genannte Beleihungsauslauf 111 Prozent. Herr Straubel muss somit eine Vollfinanzierung zu einem Beleihungsauslauf von 111 Prozent vornehmen.

Was gibt es bei Vollfinanzierungen zu beachten?

Weil die Kreditinstitute bei einer Vollfinanzierung ein höheres Risiko haben, erheben sie je nach Beleihungsauslauf einen Zinsaufschlag. Dieser liegt abhängig von der Höhe des Beleihungsauslaufes bei etwa 0,4 bis 0,8 Prozent. Das heißt: Wer ohne Eigenkapital eine Immobilie finanzieren möchte, zahlt im Durchschnitt rund 0,5 Prozent mehr als jemand, der rund die Hälfte der Finanzierungssumme als Eigenkapital mitbringt.

Seit der Finanzkrise 2008 sind Vollfinanzierungen mit einem Beleihungsauslauf von über 100 Prozent etwas teurer geworden. Wer die Nebenkosten beim Immobilienkauf (Anwalt, Notar) selbst zahlt, erhält Finanzierungen bis zu 100 Prozent Beleihungsauslauf aber weiterhin sehr günstig.

Beispiel: Ansparphase für Eigenkapital kann teuer werden

> Irene Huber spielte im Sommer 2005 mit dem Gedanken, eine Wohnung zu kaufen. Da die 30-jährige Ärztin allerdings gerade erst mit der Ausbildung fertig geworden war, hatte sie zu diesem Zeitpunkt noch kein Eigenkapital angespart. Im Sommer 2005 lagen die Bestkonditionen für Baugeld bei niedrigen 3,25 Prozent. Das heißt: Frau Huber hätte für einen Vollfinanzierungskredit eine Zinskondition von 3,9 Prozent gezahlt. Die Monatsrate, die sich daraus ergeben hätte, wäre selbst mit einer zweiprozentigen Anfangstilgung kaum höher als ihre Miete gewesen. Allerdings sagte der Bankberater Frau Huber damals, dass sie mindestens 30.000 Euro Eigenkapital benötige, um die gewünschte 100.000 Euro teure Wohnung in Berlin kaufen zu können. Aus diesem Grund entschied sich Irene Huber dafür, die geforderte Eigenkapitalsumme in den kommenden 2 Jahren anzusparen. Das Problem: Im Sommer 2007 waren die Bestzinssätze für Hypothekenkredite bereits auf 4,4 Prozent gestiegen. Doch hatte Irene Huber zu diesem Zeitpunkt erst 10.000 Euro angespart. Berücksichtigt man zudem, dass Frau Huber mit einer Vollfinanzierung bereits 2 Jahre ihre eigene Immobilie abbezahlen würde, statt noch immer monatlich Miete zu überweisen, wird klar, dass die Vollfinanzierung die wesentlich bessere Variante gewesen wäre.

Wer sich für eine Vollfinanzierung entscheidet, muss jedoch grundlegende Dinge beachten. Diese Finanzierungsform eignet sich nur für Darlehensnehmer mit ausreichender Bonität. Die monatlichen Nettoeinnahmen des Schuldners (ohne Kindergeld) müssen bei mindestens 1.500 Euro liegen, besser ist ein Nettoeinkommen von 2.000 Euro.

Bei Vollfinanzierungen lange Zinsbindung wählen

Gerade weil bei Vollfinanzierungen der komplette Immobilienkaufpreis finanziert wird, ist die Restschuld am Ende einer fünf- oder zehnjährigen Zinsbindung extrem hoch. Aus diesem Grund empfiehlt es sich, bei Finanzierungen ohne Eigenkapital eine Zinsbindung von 15 oder 20 Jahren zu wählen. Dies schützt davor, dass bereits nach wenigen Jahren prolongiert werden muss. Denn: Sind die Bauzinsen nach 5 Jahren um nur 2 Prozent gestiegen, würde sich die Monatsrate für das Darlehen um rund 40 Prozent verteuern. Vor dieser Kostenfalle bewahren lange Zinsfestschreibungen. Entsprechende Kreditausfälle waren übrigens nicht Auslöser der Finanzkrise: Vielmehr wurden die Vollfinanzierungen in den USA („Subprime-Kredite") zu variablen Zinssätzen abgeschlossen. Damit erhöhte sich in Zeiten steigernder Zinsen monatlich die Kreditlast.

Zusätzlich ist es empfehlenswert, mindestens eine Anfangstilgung von 2 Prozent oder mehr zu vereinbaren. Erstens trägt eine höhere Anfangstilgung zu einem zügigeren Schuldenabbau bei, der aufgrund der hohen Finanzierungssumme ratsam ist. Zweitens ist eine höhere Tilgungsleistung ein guter Indikator dafür, ob man sich die Vollfinanzierung leisten kann. Anmerkung: Auch dies war in den USA nicht passiert. Hier wurden teilweise Kredite ohne Tilgung verkauft.

Achtung: Wer sich eine Vollfinanzierung bei einem Bauzinsniveau von bis zu 5 Prozent nur leisten kann, wenn er eine einprozentige Anfangstilgung wählt, der sollte unbedingt die Finger von dem Immobilienkredit lassen und mit dem Kauf der Traumimmobilie noch ein paar Jahre warten.

Eigenkapital schonen

Wer über ausreichend Eigenkapital verfügt, muss nicht unbedingt all seine Ersparnisse in die Finanzierung einbringen. Mitunter liegt der Zinsvorteil, der sich mit einer 60-prozentigen anstelle einer 80-prozentigen Beleihung erreichen lässt, nur bei 0,1 Prozent oder weniger. Daher ist es ratsam, unbedingt verschiedene Szenarien durchzuspielen und sich Angebote mit unterschiedlichem Eigenkapitaleinsatz kalkulieren zu lassen. Wer vollfinanziert, schont sein Eigenkapital, beispielsweise, um sich damit gegen die Wechselfälle des Lebens abzusichern.

Vorteile einer Vollfinanzierung

- Nach dem Motto „Kaufen statt Mieten" kann unverzüglich Immobilieneigentum erworben werden.
- Käufer können günstige Immobilienpreise nutzen, indem sie sofort kaufen, statt zu sparen.
- Der Eigentumserwerb ist in Phasen niedriger Bauzinsen möglich.
- Besonders junge Menschen können durch Vollfinanzierungen frühzeitig einen Beitrag für ihre Altersvorsorge leisten.

Nachteile einer Vollfinanzierung

- Vollfinanzierungen sind teurer als Kredite mit einem niedrigen Beleihungsauslauf.
- Vollfinanzierungen eignen sich nur für Darlehensnehmer mit einer sehr guten Bonität.

- Wer eine kurze Zinsbindung wählt, gefährdet eventuell seine gesamte Baufinanzierung.

Für wen eignen sich Vollfinanzierungen?

- Junge Menschen, die durch ein Studium oder eine andere Qualifikation zunächst viel Geld und Zeit in ihre Ausbildung investiert haben (Akademiker) und daher noch kein Eigenkapital ansparen konnten. Viele von ihnen wie Zahnärzte, Anwälte oder Ingenieure verfügen bereits nach 1 bis 2 Berufsjahren über eine ausreichend gute Bonität, um sich eine Vollfinanzierung leisten zu können.
- Junge Leute, die frühzeitig in den Immobilienerwerb einsteigen möchten.
- Kapitalanleger, die eine Immobilie zur Vermietung erwerben wollen.
- Immobilienkäufer, die zwar über ausreichend Eigenkapital verfügen, dieses jedoch nicht in die Finanzierung einbringen möchten – sondern als Sicherheitspuffer unangetastet lassen wollen.

Die Starterhypothek U35

Im Oktober 2008 hat die Hannoversche Leben die so genannte Starterhypothek U35 auf den Markt gebracht, die entweder beim Anbieter selbst, bei Baugeldvermittlern oder bei ausgewählten Banken erhältlich ist. Dabei handelt es sich um ein Darlehen, das speziell für junge Menschen zugeschnitten ist. Bei dieser Kreditgruppe ist die Einkommenssituation unsicher und ein Arbeitsplatzwechsel kann auch einen Ortswechsel bedeuten.

Die Starterhypothek versteht sich ein mobiler Immobilienkredit: Ist ein Wohnortwechsel nötig oder ist das Haus zu klein für die größer gewordene Familie, kann das Darlehen kostenfrei auf eine andere Immobilie übertragen werden. Ohne Vorfälligkeitsentschädigung ist eine Rückzahlung bei Verkauf des Hauses oder der Wohnung möglich.

Die Starterhypothek ist zudem ein flexibler Immobilienkredit: Um die Belastung in den ersten Jahren gering zu halten, können bis zu fünf tilgungsfreie Jahre vereinbart werden. In den ersten fünf Jahren ist auch ein Zinsabschlag von 0,25 Prozent drin, die Differenz wird später ausgeglichen. Der Tilgungssatz kann bis zu fünfmal geändert und somit an die individuelle finanzielle Situation angepasst werden – kostenfrei.

Bei Abschluss einer Risikolebensversicherung und einer Berufsunfähigkeitsversicherung winken Zinsabschläge von jeweils 0,05 Prozent. Für das neue Angebot gelten die aktuellen Baugeldkonditionen der Hannoverschen Leben, ohne Zuschläge. Übrigens: Die Hannoversche Leben gehört stets zu den günstigsten Anbietern von Hypothekendarlehen.

Vorteile der Starterhypothek

- Der bis zu fünfmalige Tilgungswechsel macht den Kredit flexibel und sicher.
- Kostenlose Übertragung auf andere Immobilien möglich.

- Bei Abschluss einer für junge Familien sinnvollen Risikolebensversicherung und einer Berufsunfähigkeitsversicherung winken Zinsabschläge von jeweils 0,05 Prozent.

Nachteil der Starterhypothek

Die maximale Darlehenshöhe beträgt 80 Prozent des Kaufpreises. Es muss also Eigenkapital mitgebracht werden.

Für wen eignet sich die Starterhypothek?

Vollfinanzierungen sind teurer als Kredite mit einem niedrigen Beleihungsauslauf.

Familienhypotheken

Mit dem Wegfall der Eigenheimzulage ist es für einige Familien schwieriger geworden, in Wohneigentum zu investieren. Dies haben Kreditinstitute erkannt – und werben neuerdings mit Familienhypotheken. Für Familien kann es sich durchaus lohnen, diese Angebote genauer unter die Lupe zu nehmen. Sie bieten nicht selten einen Konditionsvorteil.

Bei den Krediten handelt es sich um normale Annuitätendarlehen. Die Familienhypothek der Hannoverschen Leben gewährt Kreditnehmern mit Kindergeldanspruch pro Kind 5 Jahre lang einen Zinsabschlag von 0,25 Prozent auf 75.000 Euro der Finanzierungssumme. Das heißt: Wer 1 Kind hat und ein Darlehen über 200.000 Euro aufnimmt, der bekommt auf 75.000 Euro einen Zinsabschlag. Die übrigen 125.000 Euro werden zum normalen Zins finanziert. Daraus ergibt sich für den Darlehensnehmer ein niedrigerer Mischzins. Bei 2 Kindern und entsprechendem Zinsabschlag auf 150.000 Euro lassen sich beispielsweise rund 1.800 Euro sparen. Erhältlich ist die Familienhypothek bei der Hannoverschen Leben oder über Baugeldvermittler. Sie wird nur an Darlehensnehmer vergeben, die ihre Immobilie selbst nutzen.

Vorteile von Familien- und Kinderhypothek

- Zinsvorteil gegenüber herkömmlichen Krediten.
- Diese Darlehensart vereint alle Vorteile eines normalen Festzinsdarlehens.

Nachteil von Familien- und Kinderhypothek

Rabatte unterliegen festen Grenzen.

Für wen eignen sich Familiendarlehen?

- Familien, die bereits Kinder haben, oder Paare, die mit Nachwuchs rechnen.
- Darlehensnehmer, die die Immobilie selbst nutzen (keine Kapitalanleger).
- Sicherheitsorientierte Anleger, die eine feste Zinsbindung bevorzugen..

> Auch wer Kinder hat, sollte nicht sofort eine Familienhypothek abschließen. Mitunter bieten normale Darlehen die besseren Basiszinsen. Die Devise lautet hier wie bei allen Kreditarten: Angebote vergleichen.

Festzinsdarlehen mit Ausstiegsoption

Die Amerikaner machen es seit Jahren vor: In jungen Jahren kaufen sie eine kleine Eigentumswohnung in der Stadt. Klappt es mit der Karriere gut, wird die Wohnung bald verkauft und gegen ein größeres Penthouse in besserer Lage eingetauscht. Kommt später Nachwuchs, trennt man sich vom Penthouse und kauft ein Einfamilienhaus. Amerikaner verfolgen das Modell der Lebensabschnittsimmobilie. Wohnungen und Häuser werden gekauft und verkauft, als wären es Autos. Grund dafür ist einerseits eine andere Mentalität, andererseits gibt es in den USA kurze und flexible Zinsbindungen bei der Immobilienfinanzierung. Diese erlauben es, eine Immobilie und den dazugehörigen Kredit schnell abzustoßen.

In Deutschland sind traditionell längere Zinsbindungen gefragt, was die Möglichkeit eines Immobilienwechsels erheblich einschränkt. Zwar gibt es mittlerweile auch bei uns kurze Zinsbindungen und variable Kredite – aber viele Bauherren bevorzugen weiterhin Festzinsdarlehen. Doch selbst sicherheitsorientierte Kreditnehmer finden in Deutschland nun Festzinsdarlehen, die das Modell der Lebensabschnittsimmobilie zulassen.

Im Jahr 2006 sind erstmals Festzinskredite mit Ausstiegsoption auf den Markt gekommen. Sie werden auch unter dem Namen „kündbare Festzinsdarlehen" angeboten. Dabei handelt es sich zwar um Kredite mit einer festen Zinsbindung, allerdings darf man unter bestimmten Umständen früher aus dem Darlehen aussteigen – und das, ohne eine teure Vorfälligkeitsentschädigung und Strafzins zahlen zu müssen.

Zinsaufschlag oder Einmalgebühr

Es gibt verschiedene Varianten. Die Flexibilität hat selbstverständlich ihren Preis. Je nach Art und Anbieter muss man für dieses Darlehen zwischen 0,2 und 0,45 Prozentpunkte Zinsaufschlag zahlen. Das heißt: Liegen die Konditionen für ein Darlehen mit zehnjähriger Zinsbindung bei 5 Prozent, so kostet ein Darlehen mit zehnjähriger Zinsbindung und Kündigungsoption rund 5,4 Prozent.

Eine andere Möglichkeit besteht darin, sich gegen eine einmalige Gebühr von der Vorfälligkeitsentschädigung freizukaufen. Deren Betrag richtet sich nach dem Absicherungswunsch. So ist es beispielsweise möglich, sich für 500 Euro gegen einen berufsbedingten Umzug abzusichern. Will man das Darlehen vor Ende der Zinsfrist wegen eines Härtefalls kündigen, zahlt man 300 Euro. Als Härtefall gelten beispielsweise Tod, Erwerbsunfähigkeit oder Arbeitslosigkeit. Mit 800 Euro könnte man sich also gegen Umzug und Härtefall sichern.

Flexibilität bei beruflicher Veränderung

Kündbare Festzinsdarlehen sind für alle eine gute Wahl, die sich eine sichere Zinsbindung wünschen – den vorzeitigen Ausstieg aus dem Darlehen jedoch nicht ausschließen können. Besonders für berufliche Aufsteiger, die öfter einmal den Arbeitgeber und damit den Standort wechseln, können kündbare Darlehen sinnvoll sein. Allerdings sollte, wer über ein solches Darlehen nachdenkt, die entstehenden Mehrkosten ins Verhältnis setzen zur Wahrscheinlichkeit, mit der er von der Ausstiegsoption Gebrauch machen wird. Er muss sich darüber im Klaren sein, dass ein Zinsaufschlag von 0,4 Prozentpunkten ein 200.000-Euro-Darlehen im Lauf von 10 Jahren um rund 10.000 Euro verteuert. Allerdings lassen sich durch die Option auch mehrere tausend Euro Kreditkosten sparen.

Vorteile kündbarer Festzinsdarlehen

- Im Vergleich zu variablen Darlehen ist die Zinsbindung sicher.
- Es ist jederzeit ein Ausstieg aus dem Kredit möglich.
- Keine Vorfälligkeitsentschädigung wird fällig.

Nachteile kündbarer Festzinsdarlehen

- Die Flexibilität kostet eine Einmalgebühr oder einen Zinsaufschlag.
- Wer von der Ausstiegsoption keinen Gebrauch macht, hat umsonst gezahlt.
- Der Ausstieg ist bei Einmalgebühr an bestimmte Kriterien gebunden – wie etwa berufsbedingten Umzug oder Arbeitsplatzverlust.
- Einige Anbieter lassen den Ausstieg erst nach einer bestimmten Frist zu – etwa nach 3 Jahren.

Für wen eignen sich kündbare Festzinsdarlehen?

- Darlehensnehmer, die sich nicht zu sehr binden wollen durch den Kauf einer Immobilie.
- Darlehensnehmer, die einen beruflichen Standortwechsel nicht ausschließen wollen oder können.

KfW-Kredite

Wer bei KfW-Krediten sofort an die Wärmewanne auf dem Dach oder die Solarstromanlage denkt, liegt zwar richtig – allerdings bietet die Kreditanstalt für Wiederaufbau (KfW) nicht nur Darlehen für Menschen an, die die eigenen vier Wände nach energetischen Gesichtspunkten sanieren wollen. Die Förderbank unterstützt mit ihren wohnwirtschaftlichen Programmen auch normale Bauherren. Es gibt eine große Bandbreite: Wohneigentumsprogramm, Programm ökologisches Bauen, Programm Wohnraum modernisieren, CO_2-Gebäudesanierungsprogramm oder das Programm zur Erzeugung von Solarstrom bieten fast jedem Häuslebauer eine Fördermöglichkeit.

Der Vorteil der KfW-Kredite: Die Zinskonditionen sind mitunter günstiger als bei herkömmlichen Krediten. Zudem rechnen einige Banken den KfW-Anteil nicht in die Kreditsumme ein. Wer also über wenig Eigenkapital verfügt, kann durch KfW-Kredite seinen Beleihungsauslauf beim Hauptkredit senken und dadurch günstigere Zinskonditionen erhalten. Das erste Jahr ist in manchen Fällen tilgungsfrei.

> KfW-Darlehen können günstiger sein als normale Kredite, müssen es aber nicht. Sinnvoll kann die Einbindung eines KfW-Darlehens sein, um den Beleihungsauslauf des normalen Kredites zu senken – und damit die Zinskonditionen zu verbessern.

Welches Programm zu Ihrem Vorhaben passen könnte, lesen Sie auf der Homepage der KfW (www.kfw.de). Zu Beginn eines Jahres werden die Programme meist erneuert und den aktuellen Marktentwicklungen angepasst. Aus diesem Grund sind die verschiedenen Fördermöglichkeiten in diesem Buch nur grob umrissen.

Bank oder Makler nach KfW-Krediten fragen

Wer von KfW-Programmen profitieren möchte, muss dies seinem Finanzierungsberater mitteilen. Die Programme werden nicht bei der KfW selbst beantragt, sondern über die jeweilige Bank. Sagen Sie also zu Beginn Ihrer Baufinanzierung Ihrem Vermittler oder Bankberater, dass Sie einen KfW-Kredit einbinden möchten. Wenn Sie Ihre Immobilienfinanzierung über einen Baugeldvermittler abwickeln, kreuzen Sie im Darlehensantrag die Option an, ein KfW-Darlehen zu integrieren. Dies wird dann bei Ihrer Finanzierung berücksichtigt.

KfW-Programme vor allem bei Modernisierungen

KfW-Kredite können sowohl beim Bau eines Hauses lohnen als auch bei einzelnen Modernisierungsmaßnahmen. Falls Sie beispielsweise bereits eine Immobilie besitzen, können Sie diese durch ökologische Modernisierungsprogramme energetisch auf Vordermann bringen. Neu sind seit 2007 unter anderem verbesserte Konditionen im CO_2-Sanierungsprogramm oder wahlweise direkte Zuschüsse. Darüber hinaus gibt es Vereinfachungen bei den Kriterien. Die Details ändern sich häufig – sie können auf der KfW-Website abgerufen werden (siehe oben).

Nicht alle Banken binden KfW-Programme ein

KfW-Kredite können die Immobilienfinanzierung ergänzen oder verbilligen. Allerdings leiten nicht alle Kreditinstitute KfW-Kredite durch. Das heißt: Nicht alle Banken lassen es zu, dass KfW-Mittel in ihre Finanzierung eingebunden werden – weil dies natürlich einen Mehraufwand verursacht. Baugeldvermittler helfen Darlehensnehmern jedoch dabei, solche Institute ausfindig zu machen, bei denen ein KfW-Kredit berücksichtigt werden kann.

Vorteile von KfW-Krediten

- Zinskonditionen können günstiger sein als bei herkömmlichen Darlehen.
- Durch KfW-Anteil kann der Beleihungsauslauf des Hauptkredites gesenkt werden.
- Wohneinheiten lassen sich günstig sanieren oder modernisieren.

Nachteile von KfW-Krediten

- Nur Zinsbindungen von bis zu 10 Jahren sind möglich.
- Das erste Jahr ist bei vielen Krediten tilgungsfrei. Dadurch verzögert sich der Schuldenabbau.
- Nicht alle Banken binden KfW-Darlehen ein.
- Sehr kurze bereitstellungszinsfreie Zeit kann bei Bauverzögerungen zu Kosten führen.

Für wen eignen sich KfW-Kredite?

- Vor allem bei energetischen Sanierungen sind KfW-Kredite oftmals die günstigste Wahl.
- Darlehensnehmer, die wenig Eigenkapital mitbringen.

KfW-Kombidarlehen

Wem die Einbindung von KfW-Tranchen zu kompliziert erscheint, der sollte nach KfW-Kombidarlehen fragen. Bei diesen merkt man allenfalls an den Zinskonditionen, dass ein KfW-Kredit eingebunden ist – denn diese liegen meistens unter denen anderer Kredite.

Darlehensnehmer können zwischen zwei Varianten auswählen. Bei der ersten Form wird das KfW-Wohneigentumsprogramm mit einem vergünstigten klassischen Annuitätendarlehen kombiniert. Der Bauherr erhält einen Kredit zu Konditionen, die mitunter um bis zu 0,2 Prozentpunkte unter dem Marktpreis liegen. Erreicht wird dies, weil durch den KfW-Anteil der Beleihungsauslauf gedrückt werden kann. In Variante 2 erhält der Kreditnehmer die Mittel aus dem KfW-Wohneigentumsprogramm um bis zu 0,5 Prozentpunkte unter dem offiziellen KfW-Zinssatz. Für den anderen Darlehensteil gibt es zwar keinen Vorzugszins, dafür werden die KfW-Mittel auf die Beleihung angerechnet. Das Ergebnis ist eine günstigere Annuitätenkondition.

Vorteile von KfW-Kombidarlehen

- KfW-Einbindung ist sehr unkompliziert.
- Der Kreditzins kann günstiger sein als bei anderen Angeboten.

Nachteile von KfW-Kombidarlehen

- Nur Zinsbindungen von 10 oder 15 Jahren sind möglich.
- Ein Zinsrisiko entsteht bei Anschlussfinanzierung durch kurze Zinsbindung.

Für wen eignen sich KfW-Kombidarlehen?

- Käufer von Immobilien oder Bauherren, die Energiesparmaßnahmen planen.
- Darlehensnehmer, die wenig Eigenkapital mitbringen.

Bauspardarlehen

Renditetarife, Mehrzuteilung, vorzeitige Zuteilung: Die Bausparkassen haben in den vergangenen Jahren ihr Programm modernisiert. In einigen Fällen kann der Bausparvertrag den Immobilienkauf unterstützen.

Die Bausparkassen haben ihre Konditionen den neuen Marktanforderungen angepasst. Aktuell beträgt der Darlehenszinssatz je nach Anbieter zwischen drei und 4,5 Prozent. Das ist um bis zu 2 Prozent günstiger als das Zinsniveau von Hypothekenbanken. Diese Zinskonditionen werden mit dem Bausparvertrag für lange Jahre im Voraus gesichert. Wer 2008 einen Vertrag unterschreibt, der in zehn Jahren zugeteilt wird, erhält sein Darlehen 2018 also zu Konditionen zwischen drei und 4,5 Prozent. Interessant sind die modifizierten Bausparverträge, die es neuerdings gibt.

Die Option der Mehrzuteilung erlaubt es Bausparern, sich ein Betrag auszahlen zu lassen, der über der vereinbarten Bausparsumme liegt. Die vorzeitige Zuteilung ermöglicht eine frühere Zuteilung, wenn man sich mit einer geringeren Bausparsumme, einem höheren Darlehenszins oder höheren Tilgungssatz abfindet.

Renditetarife warten mit relativ hohem Guthabenzins und hohen Bonuszahlungen auf, wenn Sie als Kunde auf den Kredit verzichten. Bei sieben Jahren Vertragslaufzeit sind aktuell effektiv gut drei Prozent Verzinsung möglich. Es handelt sich also um ein nicht optimales Sparmodell mit einer Kreditoption.

> Bei Bausparverträgen die nach dem 31. Dezember 2008 abgeschlossen werden, ist das Bausparguthaben inklusive Wohnungsbau-Prämie an eine wohnungswirtschaftliche Verwendung wie Bau, Kauf, Modernisierung oder Renovierung gebunden

Voraussetzung für ein Bauspardarlehen ist der Abschluss eines Bausparvertrages. Dabei werden die Bausparsumme und die Sparrate festgelegt, mit der der Vertrag bespart wird. Auch eine Einmalzahlung ist möglich.

Die Bausparsumme setzt sich zusammen aus dem Bauspar-Guthaben (Summe aller Sparraten, Einmalzahlungen, Zinsen, abzüglich der Gebühren) und dem Bauspardarlehen.

In der Regel müssen Sie 40 bis 50 Prozent der Bausparsumme durch Ansparen oder Einmalzahlungen einbringen. Den Rest bekommen Sie als Bauspardarlehen zu günstigeren Zinskonditionen. Das Bauspardarlehen wird aber nicht sofort ausgezahlt, wenn die erforderlichen 40 bis 50 Prozent angespart wurden. Der Zuteilungszeitpunkt hängt davon ab, wie viel Gelder der Bausparkasse aktuell zufließen. Je mehr Geld die Bausparkasse einnimmt, desto eher ist das eigene Darlehen zuteilungsreif.

> Vorsicht: Benötigt man den Vertrag, obwohl er noch nicht zuteilungsreif ist, ist eine Zwischenfinanzierung möglich. Oftmals lohnt diese Variante nicht, da die Zinsen zu hoch sind.

Die Bausparkasse zahlt auf die Einzahlungen Zinsen. Diese sollten jedoch genau geprüft werden, da sie im Vergleich zu den Zinsen vieler Geldanlagen nicht so attraktiv sein können. Im Sommer 2008 verzinsten die Anbieter das Guthaben mit ein bis drei Prozent.

Zinsen und Gebühren prüfen

Gebühren können die Kosten für ein Bauspardarlehen in die Höhe treiben und dazu führen, dass der Effektivzins für das Darlehen höher ist als der ursprünglich angegebene nominale Zinssatz.

Nach Auszahlung des Bauspardarlehens beginnen die Zinszahlungen und die Tilgung des Darlehens nach dem gleichen Prinzip wie beim Annuitätendarlehen. Der Darlehenszinssatz ist schon beim Abschluss des Bausparvertrages festgeschrieben. Er ist unabhängig vom Zinsniveau des Kapitalmarktes.

Daher sollten Sie prüfen, ob er wirklich günstiger ist. Hierbei gilt: Je höher getilgt wird, desto billiger ist der Kreditzins.

> Achtung: Die Bausparsumme sollte in einem angemessenen Verhältnis zum Ansparbeitrag stehen. Nur so haben Sie die Chance, die nötigen 40 bis 50 Prozent innerhalb der geplanten Zeit anzusparen. Eine Bausparsumme von 40.000 Euro steht in keinem Verhältnis zu einem Ansparbeitrag von monatlich 20 Euro. Es würde viel zu lange dauern, bis das Mindestbausparguthaben erreicht ist.

Vorteile von Bauspardarlehen

- Günstigere Zinsen als bei normalen Bankdarlehen möglich
- Kreditsumme für Annuitätendarlehen kann gesenkt werden, wenn Bausparvertrag vorliegt

Nachteile von Bauspardarlehen

- Gebühren für Abschluss, Darlehen etc. können Zins verteuern.
- Vergleichsweise niedriger Guthabenszins in der Ansparphase

Für wen eignen sich Bauspardarlehen?

Bauspardarlehen sind eine sinnvolle Variante für Menschen, die noch jung sind und wissen, dass sie sich einmal eine Immobilie kaufen wollen. Wer bei Vertragsabschluss jünger als 25 Jahre ist, kann durch die 2009 geänderte Wohnungsbauprämie nach sieben Jahren über das Guthaben ohne Zweckbindung verfügen. Ist der Bausparer älter als 25 Jahre, kann er die Wohnungsbauprämie dann behalten, wenn das

Guthaben für wohnwirtschaftliche Investitionen genutzt wird.

Bausparen ist ein diszipliniertes und zielgerichtetes Sparen für einen späteren Immobilienerwerb. Wenn die Bausparsumme nicht zu hoch gewählt wird und noch während der Ausbildung mit dem Ansparen begonnen wird, stehen die Chancen gut, dass bis zum Immobilienkauf im Alter von 30 bis 40 Jahren das Guthaben angespart und der Vertrag zuteilungsreif ist.

Auch für (künftige) Immobilienbesitzer kann sich Bausparen lohnen – für Modernisierungsvorhaben. Das Zinsniveau kann für einen langen Zeitraum gesichert werden und die Zeit wird genutzt, um Rücklagen anzusparen. Zur Modernisierung benötigen Sie oft nur etwa 15.000 bis 25.000 Euro. Bei diesen Kreditbeträgen verlangen Banken und Sparkassen oft mehr für einen Modernisierungskredit als für einen Bausparer. Nicht geeignet ist das Bausparen für Kurzentschlossene, die innerhalb von ein bis sechs Jahren Eigentum erwerben wollen.

Variable Darlehen

Ihren Namen verdanken variable Darlehen ihren Zinskonditionen. Denn diese sind, anders als bei den bisher beschriebenen Festzinsdarlehen, eben variabel. Variable oder flexible Darlehen werden nicht mit einer festen Zinsbindung von mehreren Jahren abgeschlossen. Vielmehr ändert sich bei diesen Krediten alle 3 oder 6 Monate der Zinssatz. Dieser

Unterschied bringt einen grundlegenden Vorteil mit sich: Variable Darlehen können jeweils zum Zinsanpassungstermin teilweise oder komplett getilgt werden. Die meist quartalsweise zu zahlende Rate enthält in der Regel nur den Kreditzins. Die Tilgung erfolgt separat in beliebiger Höhe jeweils zum Quartalsende.

Damit eignet sich diese Kreditform für alle Schuldner, die ihr Darlehen flexibel zurückführen möchten. Besonders interessant sind variable Kredite für all jene, die im Beruf neben einem Festgehalt einen hohen variablen Entgeltanteil beziehen. Bei Journalisten und Autoren können dies Tantiemen sein, bei Reisenden Provisionserlöse. Die regelmäßige Tilgungsoption erlaubt es, Bonuszahlungen oder sonstige Geldzuflüsse direkt in die Tilgung zu investieren. Weil der Kredit auf diese Weise schneller zurückgezahlt werden kann, lassen sich Kreditzinsen sparen.

Beispiel: Ersparnis bei vorzeitiger Kündigung

> Durch die jederzeitige Sondertilgungsmöglichkeit kann sehr viel Geld gespart werden. Wer ein Darlehen über 150.000 Euro mit einer zehnjährigen Zinsbindung aufnimmt, der zahlt in diesen 10 Jahren rund 61.000 Euro an Zinsen. Wer ein solches Darlehen 1 Jahr nach Aufnahme des Kredites komplett tilgen könnte – wie es bei einem variablen Kredit möglich ist –, würde entsprechend rund 56.000 Euro an weiteren Zinszahlungen umgehen.

Grundlage ist der EURIBOR

Variable Darlehen sind nicht neu. Neu ist allerdings, wonach sich die Zinsen bei einem variablen Darlehen richten. Lange Zeit haben Banken und Sparkassen flexible Darlehen vergeben, bei denen die Kunden kaum oder gar nicht nachvollziehen konnten, wie sich der variable Zinssatz zusammensetzt. Die Folge: Die Flexibilität bei der Rückzahlung wurde durch eine intransparente Konditionspolitik getrübt – mögliche Kostenersparnisse wurden durch zu hohe Zinsen wieder aufgefressen.

Dies ist heute anders. Moderne flexible Darlehen orientieren sich je nach Anbieter am dreimonatigen oder am sechsmonatigen EURIBOR. Bei der **Eur**opean **I**nter**b**ank **O**ffered **R**ate handelt sich um den Zinssatz, den europäische Banken untereinander beim Handel von Einlagen mit einer festgelegten Laufzeit von 1 Woche sowie zwischen 1 und 12 Monaten verlangen. Er gilt bei variabel verzinslichen Euro-Anleihen als der wichtigste Referenzzinssatz. Dieser EURIBOR ist der Grundlagenzins für variable Darlehen. Zusammen mit einer festen Bearbeitungsgebühr von 0,5 bis 1 Prozent und einer einprozentigen Marge für die Bank können sich Kunden einfach und nachvollziehbar ihren Kreditzins berechnen. Der aktuelle EURIBOR-Satz ist sowohl in Tageszeitungen zu finden als auch im Internet – etwa auf den Seiten der Bundesbank (www.bundesbank.de).

> Steigende Leitzinsen bedeuten meist, dass sich auch die Zinsen für das variable Darlehen verteuern.

Von der Zinsentwicklung profitieren

Die Flexibilität, die jederzeit einen Ausstieg aus einem variablen Darlehen ermöglicht, ist jedoch nur ein Vorteil. Eine andere Besonderheit ist, dass Darlehensnehmer mit flexiblen

Krediten ihre Immobilienfinanzierung selbst aktiv managen können. Wer die Zinsentwicklung im Auge hat, kann von fallenden Konditionen profitieren. Im Gegenzug ist es wichtig, bei steigenden Zinsen wachsam zu sein.

**Geldmarktsätze/Euribor Dreimonatsgeld/Monatsdurchschnitt
1999 bis 2009**
% p. a.

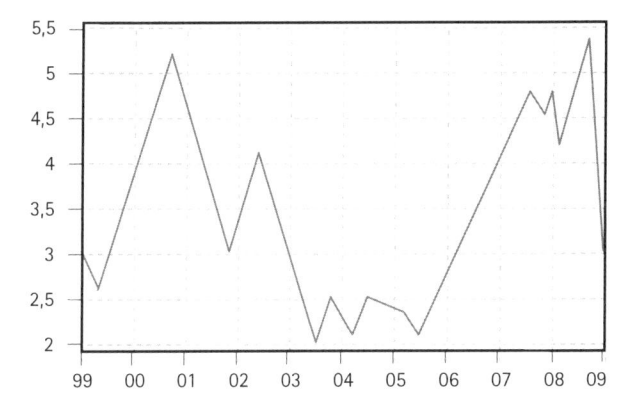

Entwicklung des EURIBOR (Quelle: de.euribor-rates.eu)

Ein Blick auf das Chart zeigt die Entwicklung des EURIBOR-Zinses. Wer sich im Jahr 2000 für einen variablen Kredit entschied, zahlte damals rund 6 Prozent (5 Prozent EURIBOR plus 1 Prozent Bankmarge). Bis 2005 profitierten Kreditnehmer mit variablen Darlehen von fallenden Zinsen. Die Kreditrate wurde also alle 3 Monate zum Zinsanpassungstermin gesenkt. Damit halbierte sich die Zinsbelastung auf rund 3 Prozent (2 Prozent EURIBOR plus 1 Prozent Bearbeitungsgebühr). Doch das Blatt kann sich schnell wenden – bei spielsweise dann, wenn die Konjunktur wieder anzieht. Von 2005 bis 2007 stieg der EURIBOR wieder kräftig an. Damit lohnten variable Kredite in dieser Zeit nicht zur Konditionsoptimierung. In Phasen steigender Zinsen sind variable Darlehen vor allem eine gute Wahl, wenn außerplanmäßig getilgt werden soll. Seit Mitte 2008 befand sich der EURIBOR im freien Fall. Anfang 2009 notierte der Kurs bei rund 2,7 %.

Beispiel: Steigende Zinsen

> Klaus Podolski möchte 2005 ein Haus bauen. Bei der Finanzierung der Immobilie entscheidet er sich für ein variables Darlehen. Im Juli 2005 liegt der Sechsmonats-Euribor bei 2,1 Prozent. Zusammen mit der Bearbeitungsgebühr von 1 Prozent ergibt sich daraus ein Zins von 3,1 Prozent. Herr Podolski kann kaum glauben, einen derart günstigen Kredit aufgenommen zu haben. Im Vergleich zu einem Festzinsdarlehen mit einer zehnjährigen Zinsbindung spart er rund 0,6 Prozent. Doch in den nächsten Monaten wendet sich das Blatt. Die Europäische Zentralbank nimmt zur Eindämmung der Inflationsrisiken regelmäßig Zinserhöhungen vor. Im Dezember 2005 liegt der Zins für das Darlehen schon bei 3,6 Prozent und im Dezember 2006 muss Herr Podolski für seinen Kredit bereits 4,8 Prozent zahlen. Hätte sich Klaus Podolski im Juli 2005 für einen Kredit mit einer zehnjährigen Zinsbindung entschieden, hätte er sich seinen Zins von 3,7 Prozent für 10 Jahre gesichert. Gelohnt hätte sich das flexible Darlehen für Herrn Podolski lediglich, wenn er außerplanmäßig hohe Tilgungen vorgenommen hätte.

Vorteile von variablen Darlehen

- Variable Darlehen können jeweils zum Zinsanpassungstermin alle 3 oder 6 Monate ganz oder teilweise getilgt werden.

- Bei einem sinkenden EURIBOR bröckeln auch die Konditionen für ein variables Darlehen.
- Moderne variable Darlehen haben eine transparente Kostenstruktur. Die Zinsentwicklung lässt sich einfach nachvollziehen.
- Variable Darlehen können in einen Kredit mit einer Festzinsbindung umgewandelt werden.

Nachteile von variablen Darlehen

- Variable Darlehen müssen beobachtet werden.
- Bei steigenden Zinsen verteuert sich der Kredit.
- Die Bearbeitungsgebühr beträgt 0,5 bis 1 Prozent der Darlehenssumme.

Für wen eignen sich variable Darlehen?

- Darlehensnehmer, die neben normalen Einkommen variable Gehaltszuflüsse haben, die direkt in die Tilgung gesteckt werden sollen.
- Darlehensnehmer, die der Meinung sind, dass die Bauzinsen ab dem Zeitpunkt ihrer Kreditaufnahme eher sinken als steigen.
- Für Darlehensnehmer, die flexibel sein möchten. Ob die Immobilie wegen eines Umzugs verkauft werden soll oder aus Renditegesichtspunkten: Durch ein variables Darlehen lässt sich die Finanzierung kurzfristig ablösen. Es fallen keine teuren Vorfälligkeitsentschädigungen an wie bei einem normalen Festzinsdarlehen.

- Variable Darlehen eignen sich zur Zwischenfinanzierung. Wer etwa ein Haus kaufen möchte und dafür eine Eigentumswohnung zum Verkauf anbietet, kann das Haus zunächst über ein variables Darlehen finanzieren. Ist die Wohnung dann veräußert, lässt sich das flexible Darlehen zurückführen.

Cap-Darlehen

„Cap-Darlehen als goldener Mittelweg" steht in der Berliner Morgenpost. „Experten raten von Cap-Darlehen ab" titelt der ebenfalls in Berlin erscheinende Tagesspiegel. Ob ein Cap-Darlehen für Sie lohnt oder nicht, hängt von Ihrem Sicherheitsverständnis ab.

Cap-Darlehen sind variable Kredite. Sie haben also keinen festen Zinssatz. Vielmehr wird bei Cap-Darlehen der Zins alle 3 oder 6 Monate neu festgelegt. Das eröffnet dem Darlehensnehmer zu jedem Zinsanpassungstermin eine Tilgungsmöglichkeit in beliebiger Höhe. Außerdem kann er bei fallenden Zinsen direkt profitieren. Steigen die Zinsen jedoch, gibt es einen entscheidenden Unterschied zu anderen flexiblen Krediten. Cap-Darlehen beugen der Kreditverteuerung durch Zinssteigerungen vor.

Um das Zinsrisiko zu minimieren, wird eine Zinsobergrenze („Cap") festgeschrieben, bis zu der der Zins maximal steigen kann. Klettern die Kreditkosten weiter, dann muss der Darlehensnehmer die höheren Zinsen nicht bezahlen. Wenn der variable Zins bei 4 Prozent liegt, wird beispielsweise eine

Cap-Grenze von 6,5 Prozent vereinbart. Der Kreditnehmer weiß damit, dass sein Zins nicht über 6,5 Prozent steigen kann. Das gibt etwas mehr Planungssicherheit und schützt vor einer zu hohen Rate. Gleichzeitig bleibt die Flexibilität eines variablen Darlehens erhalten.

Allerdings müssen Kreditnehmer für die Zinsobergrenze einen Aufschlag bezahlen. Das sind je nach Anbieter und Laufzeit 1,0 bis 2,3 Prozent der Darlehenssumme. Vereinbart wird der Cap für eine feste Laufzeit von 5 oder 10 Jahren. Je höher die Zinsobergrenze vom Einstandszins entfernt ist, desto höher ist natürlich für den Darlehensnehmer das Risiko.

> Ein Cap-Darlehen sollte nur bei niedrigen Hypothekenzinsen abgeschlossen werden. Liegt der Euribor-Zins bei 8 Prozent oder mehr, so ist die Wahrscheinlichkeit gegeben, dass die Zinsen künftig sinken. In diesem Fall hat eine Zinsobergrenze natürlich keinen Sinn.

Vorteile von Cap-Darlehen

- Die Zinsobergrenze schützt vor extrem hohen Zinsen.
- Flexibilität: Zinsanpassungstermine erlauben Sondertilgungen in beliebiger Höhe bis 100 Prozent.
- Bei fallenden Zinsen profitiert der Darlehensnehmer von sinkenden Kreditkosten.

Nachteile von Cap-Darlehen

- Die Gebühren für die Zinsobergrenze können sehr hoch sein und den Kredit entsprechend verteuern.
- Die Zinsobergrenze greift meist erst ab Zinssätzen, die 2 Prozent über dem Einstandszins liegen.

Für wen eignen sich Cap-Darlehen?

- Darlehensnehmer, die hohe Flexibilität bei Sondertilgung wünschen.
- Darlehensnehmer mit guter Bonität.
- Darlehensnehmer, die sich gegen extrem hohe Kreditzinsen absichern möchten und bereit sind, dafür höhere Konditionen zu bezahlen.

Kombinierte Darlehen

Wie der Name bereits vermuten lässt, handelt es sich beim kombinierten Darlehen um ein aus zwei Kreditarten zusammengesetztes Darlehen. Ein Festzinsdarlehen wird mit einem variablen Darlehen kombiniert. Beträgt die Kreditsumme 200.000 Euro, so können beispielsweise 100.000 Euro über ein Festzinsdarlehen mit einer zehnjährigen Zinsbindung bereitgestellt werden – und die verbleibenden 100.000 Euro über einen variablen Kredit. Kombinierte Darlehen sind auch als teilvariable Darlehen bekannt. Wie hoch dabei der flexible Anteil ist und wie hoch die Festzinssumme, hängt vom Anbieter ab. Kombinierte Darlehen eignen sich für Kreditnehmer, die bei ihrer Immobilienfinanzierung sowohl Zinssicherheit wünschen als auch Flexibilität bei der Rückzahlung.

Beispiel: Sicherheit und Flexibilität verbinden

Familie Schneider plant den Kauf eines Reihenhauses in Stuttgart. Das Traumhaus soll 400.000 Euro kosten. 100.000 Euro haben die Schneiders bereits als Eigenkapital angespart, womit noch 300.000 Euro über einen Hypothekenkredit finanziert werden müssen. Bei der Kalkulation des Vorhabens stellt Herr

Schneider fest, dass in einem Jahr eine Lebensversicherung fällig wird – und zwar in Höhe von 80.000 Euro. Zudem hat Herr Schneider noch einen Oldtimer, den er in den vergangenen Jahren restauriert hat und in naher Zukunft für mindestens 70.000 Euro verkaufen möchte. Das Problem: Für den Wagen gibt es nur sehr wenige Interessenten – und der Verkauf kann sich mehrere Jahre hinauszögern. Für die Schneiders ist ein Kombidarlehen genau die richtige Wahl. Wenn sie sich entschließen, 150.000 Euro als variables Darlehen aufzunehmen, können sie in einem Jahr die 80.000 Euro aus der Lebensversicherung direkt in den Schuldenabbau stecken. Und wenn der Oldtimer nach anderthalb Jahren verkauft wird, können sie die Schulden nochmals auf einen Schlag um 70.000 Euro reduzieren. Selbst wenn die Zinsen für das variable Darlehen noch ein wenig steigen sollten, können die Schneiders knapp die Hälfte ihrer gesamten Kreditsumme flexibel tilgen. Damit sparen sie mehrere zehntausend Euro Kreditkosten. Die verbleibenden 150.000 Euro finanzieren sie über ein normales Annuitätendarlehen mit einer Zinsbindung von 15 Jahren. Dadurch haben sie 15 Jahre lang Zinssicherheit. Da sie mit keinen zusätzlichen Geldeingängen rechnen, können sie das Annuitätendarlehen genau auf ihre monatlichen Bedürfnisse zuschneiden.

Vorteile von Kombidarlehen

- Kombidarlehen bieten Zinssicherheit und gleichzeitig Flexibilität.
- Durch die bis zu 100-prozentige Sondertilgungsmöglichkeit der variablen Darlehenstranche lassen sich Kreditkosten in Größenordnungen von mehreren zehntausend Euro sparen.
- In einem Markt fallender Bauzinsen profitieren die Darlehensnehmer direkt von Zinssenkungen.

Nachteile von Kombidarlehen

- Bei steigenden Zinsen verteuert sich die Rate der variablen Darlehenstranche.
- Bleiben die erwarteten Geldzuflüsse aus, kann die Tilgung der variablen Darlehenstranche und damit gegebenenfalls die gesamte Finanzierung gefährdet werden.

Für wen eignen sich Kombidarlehen?

- Darlehensnehmer, die kurz- bis mittelfristig mit zusätzlichen Einnahmen rechnen, profitieren von der variablen Darlehenstranche ebenso wie solche, deren Gehalt unvorhergesehen stark ansteigt. Ob aufgrund einer Beförderung zusätzliche finanzielle Mittel bereitstehen oder ob ein Selbstständiger größere Gewinne erwirtschaftet: Durch den variablen Darlehensanteil kann der Kredit schneller zurückgezahlt werden.
- Diese Form ist auch für Kreditnehmer interessant, die mittelfristig auf sinkende Hypothekenzinsen spekulieren.
- Darlehensnehmer, die bereit sind, die Entwicklung der Bauzinsen Monat für Monat im Auge zu behalten, können Kombidarlehen wählen.

Fremdwährungsdarlehen

Fremdwährungskredite eignen sich vor allem für Darlehensnehmer, die über eine gute Finanzsituation verfügen und die von bestimmten Konjunktur- und Währungsentwicklungen profitieren möchten. Wer jedoch seinen Immobilienkredit in japanischen Yen oder in Schweizer Franken aufnehmen möchte, muss den Kredit jederzeit im Auge behalten. Durch ein aktives Finanzmanagement lassen sich so mehrere Tausend Euro sparen. Im Idealfall muss sogar weniger Geld zurückgezahlt werden, als per Kredit aufgenommen wurde. Neben diesen Chancen gibt es jedoch auch Risiken, die den Kredit deutlich verteuern können. Auf die Möglichkeiten und Gefahren wird auf den kommenden Seiten eingegangen.

Währungsschwankung nutzen

Der Kreditnehmer nimmt sein Darlehen in einer fremden Währung auf, beispielsweise in Schweizer Franken oder japanischen Yen. Ausgezahlt wird es in Euro. Alle Zins- und Tilgungsraten werden wieder in der jeweiligen Fremdwährung gezahlt, also monatlich zum jeweils aktuellen Kurs abgerechnet. Steigt der Euro gegenüber dem Wert der Fremdwährung, muss der Darlehensnehmer einen geringeren Gegenwert für das Fremdwährungsdarlehen zurückzahlen. Solange Zinsen und Wechselkurs konstant bleiben oder gar sinken, liegt der Vorteil auf der Seite des Investors. Wer einen Fremdwährungskredit aufnimmt, wettet also darauf, dass die Fremdwährung an Wert verliert. Das Problem: Die Spekulation auf eine Kursentwicklung ist riskant. So eindeutig die Entwicklung in der Vergangenheit gewesen sein mag, so unsicher ist sie in der Zukunft.

Kredite in Schweizer Franken

Der Wert des Schweizer Franken stieg im Vergleich zum Euro von 1999 bis 2003 kontinuierlich an. Gab es im Jahr 2000 für 1 Euro in etwa 1,60 Schweizer Franken, so bekam man am Ende des Jahres 2003 für 1 Euro nur 1,45 Franken. Um eine

Kreditsumme in Schweizer Franken zurückzuzahlen, musste der Darlehensnehmer 2003 also mehr Euro in die Hand nehmen als 2000. Dies wäre ein schlechtes Geschäft gewesen. Zwischen 2003 und 2007 hat sich das Blatt komplett gewendet. Der Schweizer Franken hat im Vergleich zum Euro rund 15 Prozent an Wert verloren. Wer also in dieser Zeit einen Fremdwährungskredit aufgenommen hat, konnte viel Geld sparen.

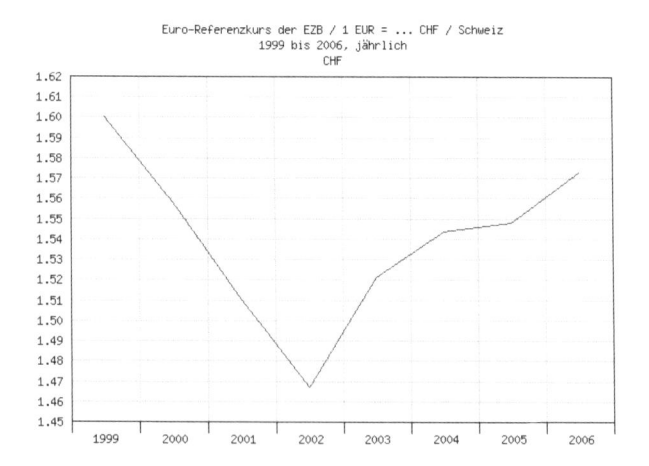

Euro-Referenzkurs der EZB / 1 EUR = ... CHF / Schweiz
1999 bis 2006, jährlich
CHF

Yen-Darlehen

Wesentlich ausgeprägter sind die Wechselkursrisiken bei Yen-Darlehen. So kletterte der Wert des Yen zwischen Oktober 1998 und Oktober 2000 um rund 80 Prozent. Wer in dieser Zeit ein Fremdwährungsdarlehen über 100.000 Euro aufgenommen hatte, das im Oktober 2000 fällig war, musste 180.000 Euro zurückbezahlen. Seit 2000 indes befindet sich der Yen im Vergleich zum Euro auf Talfahrt. Wer im Jahr

2000 ein Darlehen in Yen aufgenommen hat und dieses 2007 zurückzahlen musste, benötigte dafür weniger als die Hälfte.

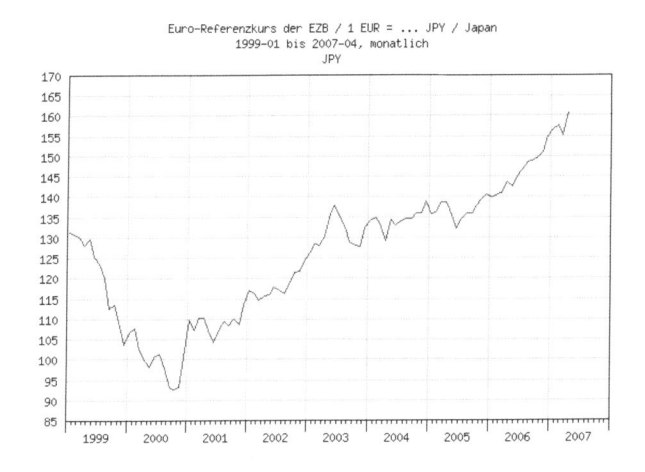

Euro-Referenzkurs der EZB / 1 EUR = ... JPY / Japan
1999-01 bis 2007-04, monatlich
JPY

Zinsentwicklung im Auge behalten

Eine weitere Besonderheit bei Fremdwährungsdarlehen ist, dass diese in der Regel nur kurzfristig festgeschrieben werden (z. B. für 3 oder 6 Monate). Grundlage ist üblicherweise der LIBOR-Satz (London Interbank Offered Rate). Dieser Interbanken-Geldmarktsatz wird täglich neu festgesetzt und weist in der Regel eine gewisse Bandbreite auf. Interessant für Hypothekenkunden ist das Zielband, in dem sich der Zins bewegen soll. Bankkunden wird der Libor in den meisten Fällen für 3 Monate garantiert.

Zum Zinsanpassungstermin wird die Kondition also stets neu festgelegt. Steigt das Zinsniveau, erhöht sich die Zinsbelastung. Die relativ kurzen Zinsfestsetzungen können zusammen mit dem Wechselkursrisiko zu einer gefährlichen Mischung werden. Steigt sowohl der Wert der Währung als auch der Kreditzins – und zwischen den beiden Kriterien besteht ein positiver Zusammenhang –, dann kann das Fremdwährungsdarlehen schnell zur Schuldenfalle werden.

Fremdwährungsdarlehen funktionieren wie variable Darlehen. Aus diesem Grund sei an dieser Stelle als Alternative zu einem Fremdwährungsdarlehen der variable Kredit erwähnt (siehe S. 86). Bei diesem wird nur auf die Zinsentwicklung spekuliert.

Vorsicht bei Tilgungsaussetzung

Einige Fremdwährungskredite bieten dem Darlehensnehmer eine Tilgungsaussetzung. Das bedeutet: Der Darlehensnehmer bezahlt lediglich den Kreditzins, führt das Darlehen aber nicht regelmäßig zurück. Stattdessen fließt der Tilgungsbetrag beispielsweise in eine fondsgebundene Lebensversicherung, die zum Laufzeitende fällig wird. Man geht davon aus, dass sich die Tilgungsleistung durch eine positive Entwicklung an den Aktienmärkten erhöht. Entwickeln sich die Aktienmärkte allerdings schlecht, kann am Ende der Laufzeit weniger Geld für die Tilgung aufgebracht werden, als ursprünglich eingezahlt wurde.

Gebühren können Kosten treiben

Bei vielen Anbietern von Fremdwährungsdarlehen kommen zu den Darlehenszinsen Spesen und Gebühren, die über denen von herkömmlichen festen oder variablen Krediten liegen. Beträgt die Bearbeitungsgebühr bei variablen Darlehen maximal 1 Prozent, verlangen einige Institute bei Fremdwährungskrediten bis zu 3 Prozent. Zusätzlich können Kontoführungsgebühren sowie Gebühren für den Umtausch bei Auszahlung des Darlehens in Euro anfallen – und umgekehrt bei den Zinszahlungen. In Österreich muss zudem mit höheren Kosten bei der Eintragung einer Grundschuld gerechnet werden. Meist werden Grundschulden eingetragen, die 10 bis 30 Prozent über dem tatsächlichen Kreditbetrag liegen. Es ist daher ratsam, Fremdwährungskredite genau zu prüfen.

Vorteile von Fremdwährungsdarlehen

- Bei günstigem Wechselkurs steigt die Tilgungsleistung deutlich an, was zu einer Kostenersparnis führt.
- Tilgungsaussetzung kann bei positiver Entwicklung die Tilgungsleistung erhöhen.
- Der Zinssatz für Darlehen kann 1 bis 3 Prozent günstiger sein als in Deutschland.
- Flexibilität bei Rückzahlung durch regelmäßige Tilgungsmöglichkeit zur Zinsanpassung.

Nachteile von Fremdwährungsdarlehen

- Hohe Gebühren und Umtauschkosten möglich.
- Je nach Währung kann das Währungsrisiko hohe Kosten verursachen.
- Kurze Zinsfestschreibung erhöht Zinsrisiko.
- Separate Ansparpläne bei Tilgungsaussetzung können zu Totalverlust der Tilgungsleistung führen.

Für wen eignen sich Fremdwährungsdarlehen?

- Darlehensnehmer mit eigener Meinung zur Markt- und Zinsentwicklung.
- risiko- und chancenfreudige Darlehensnehmer.
- Darlehensnehmer mit sehr guter Bonität, die bei ungünstiger Zins- und Währungsentwicklung zusätzliche Sicherheiten aufbringen können.
- Kreditnehmer mit hohem Eigenkapitaleinsatz (mindestens 40 Prozent).
- Darlehensnehmer, die mindestens einen Kredit in Höhe von 100.000 Euro aufnehmen möchten.

Spezialkredite

Eine nicht bezahlte Handy- oder Versandhausrechnung kann ebenso schnell zu einem Eintrag bei der Schufa führen wie ein Konto, das nicht richtig aufgelöst wurde. Insgesamt verfügen rund 7 Prozent aller 63 Millionen erfassten Personen bei der Schufa über einen Negativeintrag. Darunter sind auch potenzielle Immobilienkäufer, die beispielsweise nach Streitigkeiten mit einem Mobilfunkanbieter ihre Rechnungen nicht beglichen und Mahnungen ignoriert haben – obwohl sie grundsätzlich über eine gute Bonität verfügen.

Wenn die Negativeinträge bestimmte Kriterien erfüllen, kann dennoch eine Baufinanzierung dargestellt werden. Seit 2006 gibt es in Deutschland Banken, die Baufinanzierungen an Darlehensnehmer mit kleineren und auch größeren Schufa-Einträgen vergeben. Einige Banken haben sich sogar darauf spezialisiert, Menschen, die sich mit einer Vielzahl von laufenden Krediten übernommen haben, einen einzigen Hypothekenkredit anzubieten, mit dem alle anderen Verbindlichkeiten abgelöst werden können – was den Kunden schufafähig macht.

Weil das Risiko eines Kreditausfalls größer wird und weil die Baufinanzierung nicht wie gewöhnlich über Pfandbriefe refinanziert wird, sondern über Forderungsverbriefungen am Kapitalmarkt, müssen solche Darlehensnehmer mit wesentlich höheren Kreditzinsen rechnen. Die Konditionen dieser zweitklassigen Darlehen (subprime) können bis zu 3 Prozent über denen erstrangiger Hypothekenkredite liegen.

Zu empfehlen sind diese besonderen Finanzierungsmöglichkeiten dann, wenn das Immobilienvorhaben zeitnah umgesetzt werden soll. Da beglichene Negativeinträge bei der Schufa nach 3 Jahren gelöscht werden, kann für Darlehensnehmer, deren Zahlungsstörung knapp 3 Jahre zurückliegt, das Warten auf die Eintragslöschung die günstigere Alternative sein.

Vorteile von Spezialkreditekn

- Auch Kunden mit gestörter Kredithistorie können Hypothekenkredite aufnehmen.
- Der Darlehensnehmer muss nicht warten, bis sein Schufa-Eintrag nach 3 Jahren gelöscht wird.
- Kreditbündelung kann Zinsbelastungen im Einzelfall senken und einen finanziellen Neuanfang ermöglichen.

Nachteile von Spezialkrediten

- Darlehensnehmer müssen höhere Konditionen zahlen.
- Kreditnehmer können in die Schuldenfalle geraten.

Für wen eignen sich Spezialkredite?

Darlehensnehmer, die keinen normalen Kredit erhalten.

> Auch wenn die Prüfung bei Spezialkrediten teilweise sehr individuell ist und einige Kreditinstitute in persönlichen Gesprächen die Finanzsituation des Darlehensnehmers erörtern, sei bei diesen Produkten zu Vorsicht geraten. Es droht die Gefahr, dass man sich in eine noch tiefere Schuldenspirale begibt. Wer eine gestörte Kredithistorie hat und seine Darlehen nicht mehr korrekt bedienen kann, sollte bei einer Schuldnerberatung vorsprechen.

Realkredite

Der Realkredit ist vergleichbar mit der herkömmlichen Pfandleihe. Allerdings wird hier nicht die goldene Uhr in einem Leihhaus hinterlegt. Vielmehr wird die zu finanzierende Immobilie belastet. Dennoch ist das Prinzip auch in der Immobilienfinanzierung als „Pfandleihe" bekannt.

Das System ist einfach. Wer eine Immobilie finanzieren möchte, dafür allerdings nicht seine komplette Einkommenssituation offenlegen will, kann von einem Realkredit Gebrauch machen. Das finanzierende Kreditinstitut stützt sich dabei einerseits auf eine „plausible Selbstauskunft" des Kunden. Zudem bietet es als Pfandleihe nur bis zu 50 Prozent des Beleihungswertes an. Das wiederum bedeutet: Will ein

Kunde eine Immobilie über einen Realkredit finanzieren, muss er zwischen 50 und 60 Prozent des Kaufpreises als Eigenkapital mitbringen.

Vorteil von Realkrediten

Zeitersparnis: Kunden müssen nicht die gesamte Einkommens- und Vermögenssituation offenlegen.

Nachteile von Realkrediten

- Nicht alle Kreditinstitute bieten Realkredite an – dadurch weniger Auswahl (Baugeldvermittler geben auch hier einen guten Überblick).
- Der Darlehensnehmer muss über viel Eigenkapital verfügen.

Für wen eignen sich Realkredite?

- Privatiers sowie alle Kunden mit schwer greifbaren wirtschaftlichen Verhältnissen wie etwa Inhaber von mehreren Firmen ohne konsolidierte Jahresabschlüsse.
- Selbstständige mit steueroptimierten Abschlüssen.
- Menschen mit umfangreichem Immobilienvermögen.
- Kreditnehmer mit Minderbeteiligung an Unternehmen, bei denen die Offenlegung von der Zustimmung der Geschäftspartner abhängt (Kanzleien etc.).
- Darlehensnehmer mit guter finanzieller Ausstattung, die das geforderte Eigenkapital aufbringen können.

Kapitalbeschaffung

Die Kapitalbeschaffung ist für jene Kreditnehmer eine lohnende Alternative, die bereits über eine weitestgehend oder vollständig abbezahlte Immobilie verfügen. Bei der Kapitalbeschaffung wird die schuldendenfreie Immobilie beliehen. Dadurch kann der Kunde einen Kredit zu günstigen Hypothekenzinskonditionen aufnehmen.

Mit dem Kredit lässt sich wiederum ein Auto bezahlen oder eine vorhandene Immobilie modernisieren. Ebenso ist es möglich, über eine Kapitalbeschaffungsmaßnahme eine Ferienwohnung im Ausland zu finanzieren. Die Zinsen liegen in der Regel um 2 bis 3 Prozent unter denen herkömmlicher Ratenkredite.

> Achtung: Da als Kreditsicherheit eine Grundschuld ins Grundbuch eingetragen wird, entstehen Kosten. Dadurch lohnt sich eine Kapitalbeschaffung erst ab einer Kreditsumme von rund 40.000 Euro.

Vorteil von Kapitalbeschaffungen

Es kann ein Kredit zu günstigen Hypothekenzinsen aufgenommen und frei verwendet werden.

Nachteile von Kapitalbeschaffungen

- Ein Grundbucheintrag ist notwendig.
- Der Darlehensnehmer muss bereits über eine weitestgehend schuldenfreie Immobilie verfügen.

Für wen eignet sich eine Kapitalbeschaffung?

- Für denjenigen, der einen Kredit (nicht nur zur Baufinanzierung) zu günstigen Konditionen aufnehmen möchte und bereits über eine schuldenfreie Immobilie verfügt.
- Darlehensnehmer, die einen Kredit von mehr als 40.000 Euro aufnehmen möchten.

Welche Darlehen bringt die Zukunft?

Experten gehen davon aus, dass es bei der Immobilienfinanzierung in den nächsten Jahren mehrere Trends geben wird. Wir haben die 3 wichtigsten für Sie zusammengefasst.

Trend 1: Kredite werden flexibler

Immobilienkredite werden künftig noch stärker den Kundenwünschen angepasst. Das heißt, Sondertilgungen werden in Zukunft bei gleichzeitiger Zinssicherheit einfacher möglich sein. So wird es Festzinsdarlehen geben, die der Kunde jederzeit kündigen kann. Anders als bei den bereits heute angebotenen kündbaren Darlehen muss der Kreditnehmer für diese Flexibilität jedoch keinen Zinsaufschlag und keine Einmalgebühr bei Vertragsabschluss zahlen. Gebühren werden nur dann fällig sein, wenn der Kunde von der Vertragskündigung Gebrauch macht. Dann muss er zwischen 4 und 6 Prozent der Restschuld zahlen. Wer also aus dem Kredit aussteigen möchte und noch 100.000 Euro Restschuld hat, müsste demnach zwischen 4.000 und 6.000 Euro zahlen. Diese Rückzahlungsvariante entspricht in etwa einer Vorfälligkeitsentschädigung. Der Unterschied zu gegenwärtigen Darlehen liegt darin, dass bisher keine Bank dazu verpflichtet ist, einen Darlehensnehmer frühzeitig aus dem Kreditvertrag zu entlassen. Man muss in diesem Fall stets mit seinem Institut verhandeln. Das würde unter den neuen Bedingungen entfallen.

Trend 2: Selbstauskunft statt Objektbewertung

Unter dem vielversprechenden Namen Self-certifying-Produkte kommt ein zweiter Trend bei der Finanzierung von Immobilien daher. Hinter dem Begriff steckt nichts anderes, als dass der Kreditgeber dem Kunden glaubt, was er von sich behauptet. Solange der Darlehensnehmer einen bestimmten Eigenanteil in die Immobilienfinanzierung einbringt, verlässt man sich auf Seiten der Bank auf die Branche, in der der Kunde arbeitet, und seine dortige Anstellung. Bisher ist dies anders: Aktuell spielt die Qualität der zu finanzierenden Immobilie eine entscheidende Rolle. In der Zukunft ist jedoch davon auszugehen, dass die Sicherheit immer weniger am Objektwert festgemacht wird, sondern an Einkommen und Arbeitskraft des Kunden. Wer einen Kredit aufnehmen möchte, muss also vor allem über eine gute berufliche Stellung und entsprechende Bonität verfügen. Die Ursache für diesen Trend ist einfach: Eine Bonitätsprüfung des Kunden anhand seines Gehaltsnachweises lässt sich schneller durchführen als eine komplizierte und aufwändige Objektbewertung.

Trend 3: Rundum-Sorglos-Kredite

Im Kommen sind nach Expertenmeinung Kreditprodukte, die dem Kunden neben hoher Flexibilität beim Kreditausstieg auch einen Schutz gegenüber zahlreichen Eventualitäten bieten. Wer künftig eine Immobilie finanziert, wird Darlehen wählen können, die beispielsweise eine Versicherung gegen Arbeitslosigkeit oder Krankheit enthalten, womit das Weiterzahlen der Rate gesichert würde. Wahrscheinlich sind auch Immobilienfinanzierungen, die bereits die für Hauseigentümer zwingende Wohngebäudeversicherung enthalten oder eine Bauherrenhaftpflichtversicherung für Häuslebauer. Der Kredit „Baufi-Safe" der Universa Versicherungen enthält beispielsweise einen kostenlosen Haus- und Wohnungsschutzbrief.

Der Vorteil für Kunden: Die Kredite werden sicherer. Der Nachteil: Die verschiedenen Schutzmaßnahmen und Versicherungen machen die Kredite untereinander schlechter vergleichbar. Der Darlehensnehmer weiß also nicht immer, wie viel er für eine bestimmte Versicherungsleistung bezahlt.

Trend 4: Modernisierungskredite

Während die Zahl der Neubauten in Deutschland stark rückläufig ist, nimmt die Zahl der Sanierungen deutlich zu. Je höher die Energiepreise steigen, desto mehr denken Immobilienbesitzer darüber nach, wie sie die Energieeffizienz von Objekten verbessern können. Die Einführung des Energieausweises hat diesen Trend nochmals verstärkt.

Das haben die Kreditinstitute erkannt. Sie bieten nicht nur Erstfinanzierungen an, sondern ebenso Modernisierungsdarlehen. Ein vergleichsweise neues Produkt ist beispielsweise das Energiedarlehen der DKB.

Hintergrund: Bei Kreditsummen von unter 25.000 Euro sind meist herkömmliche Kredite sinnvoll, die ohne eine Eintragung der Grundschuld auskommen. Allerdings liegen die Zinssätze für solche Ratenkredite aktuell bei 6,5 bis 8 Prozent. Bei umfangreichen Maßnahmen über 25.000 Euro waren bisher spezielle Modernisierungsdarlehen die erste Wahl, weil sie wegen des Grundschuldeintrages eine Kreditaufnahme zu günstigen Hypothekenzinskonditionen zwischen 4,5 und 5,5 Prozent ermöglichen. Das Energiedarlehen kann je nach Laufzeit zu Konditionen zwischen 5,3 und 5,6 Prozent aufgenommen werden. Es kommt ohne die aufwändige und kostenpflichtige Eintragung der Grundschuld aus. Der Zinssatz liegt damit nur unwesentlich über dem von grundschuldbesicherten Modernisierungskrediten und deutlich unter denen von Ratenkrediten. Der Kreditbetrag muss zwischen 5.000 und 60.000 Euro liegen und zur Finanzierung von regenerativen Systemen zur Wärme und Stromerzeugung verwendet werden. Dazu zählen Fotovoltaikanlagen, Solarthermen, Wärmepumpen oder Pelletheizungen. Die Kreditlaufzeiten reichen von 72 bis zu 180 Monaten und bieten langfristige Kalkulationssicherheit. Dafür muss der Kredit innerhalb der Laufzeit komplett getilgt werden. In den kommenden Jahren werden andere Anbieter mit ähnlichen Produkten nachziehen. Vor allem lokale Bausparkassen sind auf diesem Gebiet stark. Nachfragen lohnt also.

Wenn der Kredit läuft: Anschlussfinanzierung

Eine Immobilienfinanzierung ist selten in einem Schritt abgeschlossen. Wenn die Zinsbindung endet, wird eine zweite Finanzierung fällig, die genauso sorgfältig abgewickelt werden sollte wie das Erstdarlehen.

In diesem Kapitel lesen Sie,

- welche Risiken bei der Anschlussfinanzierung drohen und wie Sie sie vermeiden (S. 112-118),
- wie Sie sich über Forward-Darlehen für die Zukunft günstige Zinsen sichern (S. 118) und
- was Sie bei Umschuldungen beachten müssen (S. 121).

Die größten Fehler

Beispiel: Ungünstige Prolongation

> Als Horst Schneider im Sommer 2006 Post von seiner Hausbank erhielt, freute er sich: Man bot ihm für seinen laufenden Hypothekenkredit eine Anschlussfinanzierung zu 5,2 Prozent an. Das schien ihm eine ausgesprochen gute Offerte – schließlich hatte der Zinssatz für seinen Erstkredit 7,2 Prozent betragen. Und mit dem um 2 Prozentpunkte günstigeren Angebot konnte Herr Schneider seine laufende Monatsrate von 990 Euro auf 750 Euro senken. Doch so gut der Zinssatz der Anschlussfinanzierung im Vergleich zum Erstkredit war, so schlecht war er im Vergleich zu den Marktkonditionen. Denn: Im Sommer 2006 gab es Hypothekenkredite bei günstigen Anbietern bereits ab 4,2 Prozent. Das Angebot der Hausbank lag also 1 Prozent über den Bestpreisen im Markt. Da Herr Schneider davon nichts wusste, unterschrieb er.

Wie eine Studie der Bank ING-Diba ergeben hat, handeln zwei Drittel aller Immobilieneigentümer bei der Prolongation eines Kredites wie Herr Schneider. Sie unterschreiben das Finanzierungsangebot der Bank – und verschenken dadurch viel Geld. Denn: Obwohl der Darlehensnehmer bei der Bank bereits Kreditkunde ist und daher eine besonders günstige Kondition erwartet, bekommt er oft schlechte Bedingungen. Viele Banken rechnen mit der Faulheit der Kunden und nutzen diese für Zinswucher aus.

> Akzeptieren Sie bei der Anschlussfinanzierung nie das erstbeste Angebot. Viele Banken senken bereits die Konditionen, wenn man sich über die schlechten Zinsen beschwert. Wer zusätzlich weitere Angebote in der Tasche hat, kann seine Bank unter Druck setzen und so die Bedingungen nachbessern.

Fehler 1: Anschlusstermin vergessen

Dass so wenige Menschen bei der Prolongation die Angebote vergleichen, hat mehrere Ursachen. Grund 1: Die Mehrzahl der Kreditnehmer verliert im Lauf der Zeit den Termin für die notwendige Anschlussfinanzierung aus den Augen. Kein Wunder: Wer im Sommer 1996 ein Immobiliendarlehen aufgenommen und sich dabei für eine zehnjährige Zinsbindung entschieden hat, muss sich theoretisch erst im Sommer 2006 um den Anschluss kümmern.

Tipp: Man sollte sich spätestens 3 Jahre vor Auslauf der Zinsbindung mit der Anschlussfinanzierung beschäftigen. So bleibt ausreichend Zeit, die Entwicklung der Hypothekenzinsen zu beobachten.

Wann sollte man was tun?

- 5 Jahre bis 1 Jahr vor Ende der Zinsbindung: Wer höhere Bauzinsen ausschließen muss oder von aktuell günstigen Hypothekenzinsen profitieren will, kann sich durch Forward-Darlehen (siehe S. 118) den zukünftigen Anschlusskredit bis zu 5 Jahre vor Ende der eigentlichen Zinsfrist sichern. Es empfiehlt sich, spätestens 3 Jahre vor Zinsbindungsende den Verlauf der Bauzinsen zu beobachten.

- 1 Jahr bis 6 Monate vor Ende der Zinsbindung: 1 Jahr bevor die Zinsfestschreibung beim Erstkredit endet, ist es sinnvoll, sich um einen Anschlusskredit bemühen. Anders als bei Forward-Darlehen fällt jetzt in der Regel kein Konditionsaufschlag mehr an, da die Vorlaufzeit als bereitstellungszinsfreie Zeit dargestellt werden kann.

- 3 Monate vor Anschlussfinanzierung: Spätestens jetzt sollten sich Darlehensnehmer um eine Anschlussfinanzierung kümmern und Konditionen von verschiedenen Angeboten vergleichen. Dafür benötigen sie Kopien vom Grundbucheintrag sowie Informationen zur Immobilie. Baugeldvermittler können dabei helfen, sich schnell einen Überblick über den Markt zu verschaffen.

Fehler 2: Unter Druck setzen lassen

Wer sich rechtzeitig um seine Anschlussfinanzierung kümmert, hat einen großen Vorteil. Er braucht sich von seiner Hausbank nicht unter Druck setzen zu lassen. Denn 12 bis 3 Monate vor Zinsbindungsende bleibt genug Zeit, alle Unterlagen für eine Prolongation zu sammeln und Vergleichsangebote einzuholen. Wird man jedoch erst 2 Wochen vor Ende der Zinsbindungsfrist aktiv – oder mit dem Prolongationsschreiben der Bank –, dann ist es meist zu spät, eine neue Finanzierungsrunde in die Wege zu leiten.

Fehler 3: Aufwand meiden

Fürchten Sie bei der Anschlussfinanzierung einen hohen Aufwand? Das müssen Sie nicht. Wahrscheinlich haben Sie all Ihre Unterlagen zum Bauvorhaben in einem Ordner abgelegt. Und wesentlich mehr Informationen brauchen Sie gar nicht. Auch die Kosten für eine Umschuldung sind weit weniger hoch, als viele Hausbanken glauben machen wollen.

Wer für die Anschlussfinanzierung sein Kreditinstitut wechseln will, muss dafür meistens lediglich die Grundschuld abtreten. Bei 9 von 10 Umschuldungskunden reicht die kostengünstige Grundschuldabtretung aus. Nur in rund 10 Prozent der Fälle werden eine Löschung und die Neueintragung der Grundschuld verlangt. Für Porto und Kopien sollten Sie rund 50 bis 100 Euro einplanen.

> Tipp: Fragen Sie stets nach Umschuldungsaktionen. Immer wieder übernehmen Kreditinstitute bei Neukunden die Kosten für die Anschlussfinanzierung bis zu einer Höhe von 500 Euro – oder erstatten pauschal 200 Euro. Damit lohnt sich die Umschuldung noch mehr.

Wie gering die entstehenden Kosten im Vergleich zur Ersparnis sind, verdeutlicht die Tabelle auf der folgenden Seite. Steht eine Anschlussfinanzierung für eine Restschuld in Höhe von 100.000 Euro an, so kostet die Umschuldung inklusive Porto und sonstigen Ausgaben rund 400 Euro. Ist das Vergleichsangebot allerdings 0,5 Prozent billiger als die Offerte der Hausbank, summiert sich die Ersparnis bei einer 100.000-Euro-Anschlussfinanzierung binnen einer zehnjährigen Zinsfrist auf 5.500 Euro. Selbst nach Abzug der Umschuldungskosten bleibt also am Ende eine Ersparnis von 5.100 Euro. Auch bei einem lediglich um 0,2 Prozent günstigeren Angebot könnte man nach Abzug aller Umschuldungskosten noch 1.500 Euro sparen.

Höhe Grundschuld*	Kosten bei Abtretung**	Ersparnis bei 0,5 % Zinsunterschied und 10 Jahren Laufzeit
50.000 €	223 €	2.775 €
100.000 €	249 €	5.550 €
150.000 €	476 €	8.400 €
200.000 €	603 €	11.500 €

*Entspricht der Höhe der Restschuld, die prolongiert werden muss
**Kosten setzen sich zusammen aus Notargebühren und Grundbuchgebühren

Fehler 4: Tilgung nicht anpassen

Einer der größten Fehler bei der Anschlussfinanzierung ist es, die Anfangstilgung erneut bei 1 Prozent festzusetzen. Wer das tut, macht die Bank reich und sich arm – weil die Zeit bis zur Schuldenfreiheit dann über 50 Jahre dauert. Da es sich bei der Anfangstilgung stets nur um die Tilgungshöhe bei der ersten Rate handelt, steigt diese mit den Jahren an. Wer also vor 10 Jahren mit einer Anfangstilgung von 1 Prozent begonnen hat, bei dem liegt nach 10 Jahren der Tilgungssatz in der Rate wesentlich höher – meist bei etwa 2 bis 3 Prozent. Um einen zügigen Schuldenabbau zu gewährleisten, sollte man mit der aktuellen Tilgung fortfahren.

> Liegen die Zinskonditionen zum Zeitpunkt der Prolongation auf gleicher Höhe wie beim Erstkredit oder darunter, sollten Sie die bisherige Monatsrate beibehalten. Kreditnehmer haben sich meist an die monatliche Belastung gewöhnt. Besonders bei gesunkenen Hypothekenzinsen ist es sinnvoll, die Zinsersparnis in eine erhöhte Tilgung zu investieren. So lassen sich Kreditzinsen sparen und die Zeit bis zur Schuldenfreiheit verkürzen.

Fehler 5: Falsche Zinsbindung

Auch bei der Anschlussfinanzierung kann die Wahl der richtigen Zinsbindung viel Geld sparen. Eine erste Frage, die Sie sich stellen sollten, lautet: Wann will ich die Immobilienfinanzierung abgeschlossen haben und schuldenfrei sein? Für viele Darlehensnehmer ist der Eintritt ins Rentenalter mit 65 oder 67 Jahren der Zeitpunkt, an dem die Immobilie abbezahlt sein soll.

Wer sich nicht nach dem Zeitpunkt der Schuldenfreiheit fragt und eine zu kurze Zinsbindung bei der Anschlussfinanzierung wählt, der läuft Gefahr, eine weitere Prolongation vornehmen zu müssen. Daher sollten Sie Folgendes berücksichtigen:

- Wie lange würde es unter bestimmten (alternativen) Konditionen dauern, bis das Darlehen abbezahlt ist?
- Liegen die Finanzierungskonditionen unter dem historischen Durchschnitt von 6 bis 7 Prozent, wodurch sich eine lange Zinsbindung bis zum Ende der gesamten Kreditlaufzeit lohnt?
- Ist gegen Ende der Immobilienfinanzierung mit frei werdenden Geldmitteln zu rechnen – etwa durch die Auszahlung einer Lebensversicherung?

Sie sollten eine längere Zinsbindung wählen, wenn das aktuelle Zinsniveau zum Zeitpunkt der Anschlussfinanzierung günstig ist und zwischen 3 und 5,5 Prozent liegt. In diesem Fall lohnt es sich vermutlich für Sie, die Zinsen bis zum Ende der Kreditlaufzeit festzuschreiben. Dabei können Sie natürlich auch ungerade Zinsbindungen wählen. Die Konditionsfestlegung muss also nicht die gängigen 5, 10, 15 oder 20 Jahre betragen. Falls Sie für die endgültige Rückzahlung Ihres Kredites noch beispielsweise 7 oder 13 Jahre benötigen, können Sie selbstverständlich eine Zinsbindung von 7 oder 13 Jahren wählen. So haben Sie sich den Kredit bis zum Ende der Laufzeit gesichert und umgehen Kosten und Mühen für eine zweite Prolongation.

Eine kurze Zinsbindung oder vielleicht sogar einen Kredit mit variablen Zinsen sollten Sie in Betracht ziehen, wenn Sie in der zweiten Finanzierungsrunde mit zusätzlichen finanziellen Mitteln rechnen. Bei vielen Menschen werden beispielsweise kurz vor dem Rentenalter Lebensversicherungen oder Fondsparpläne fällig. Da die Immobilie oftmals eine Altersvorsorge ist, kann es entsprechend sinnvoll sein, die Mittel aus der Lebensversicherung oder einem Fondsparplan direkt in die Rückführung des Darlehens zu investieren. Ist dies bei Ihnen der Fall? Dann sollten Sie die Zinsbindung so wählen, dass diese dann endet, wenn die erwartete Summe fällig wird.

Intelligente Lösungen

Wenn Sie die genannten Hürden nehmen, sichern Sie sich gute Bedingungen für die Prolongation. Was Sie darüber hinaus beachten sollten, erfahren Sie im Folgenden.

Für den rechtzeitigen Anschluss: Forward-Darlehen

Forward-Darlehen klingen zunächst kompliziert – sie sind es aber nicht. Worum handelt es sich dabei? Stellen Sie sich vor:

Sie haben eine Immobilienfinanzierung zu einem Zinssatz von 7 Prozent mit einer Zinsfestschreibung von 5 Jahren abgeschlossen. 2 Jahre vor Ende der Zinsbindung stellen Sie fest, dass die Hypothekenzinsen auf 3,5 Prozent gefallen sind. Nun haben Sie wahrscheinlich Angst, dass die Zinsen wieder steigen könnten und Sie in 2 Jahren, wenn Ihre Zinsbindungsfrist ausläuft, mehr als 3,5 Prozent für einen Hypothekenkredit zahlen müssten. Genau davor schützen Forward-Darlehen. Wenn Sie einen solchen Vorläufer-Kredit aufnehmen, können Sie sich weit vor Ende der Zinsbindungsfrist die Anschlussfinanzierung sichern. Das heißt: Sie nehmen die Umschuldung nicht sofort vor – Sie sichern sich nur die Konditionen dafür. Der aktuelle Kredit läuft ganz normal bis zum Ende der Zinsbindungsfrist weiter und wird dann von dem Forward-Darlehen abgelöst.

Vorläufer-Kredite nutzen bei niedrigen Zinsen

Mittlerweile gibt es Forward-Darlehen mit einer Vorlaufzeit von bis zu 60 Monaten. Das heißt: Jeder kann heute bereits seine Anschlussfinanzierung vornehmen – auch wenn diese erst in 5 Jahren fällig wird. Sie fragen sich, wann dies sinnvoll ist? Ganz einfach: Wer davon ausgeht, dass die Zinsen für Hypothekenkredite künftig ansteigen, und wer eine höhere Monatsrate für seine Immobilienfinanzierung ausschließen möchte, kann sich durch Forward-Darlehen günstige Immobilienzinsen für die Zukunft sichern. Damit haben solche Darlehen vor allem dann Sinn, wenn die Immobilienzinsen unter dem langjährigen Durchschnitt von 7 Prozent liegen. Bewegen sich die Konditionen für Baugeld über 7 Prozent und ist die Wahrscheinlichkeit, dass diese in Zukunft fallen damit entsprechend größer, dann lohnen sich spezielle Forward-Darlehen in der Regel nicht.

Zinssicherheit für die Zukunft kostet Aufschlag

Natürlich gibt es die zukünftige Zinssicherheit nicht umsonst. Je nach Anbieter und Länge der Vorlaufzeit muss man mit einem Zinsaufschlag von rund 0,01 bis 0,02 Prozentpunkten pro Monat rechnen.

Beispiel: Kosten eines Forward-Darlehens

> Gabriele Kunald hat vor 3 Jahren ein Immobiliendarlehen aufgenommen, ihre monatliche Rate liegt bei 600 Euro. Damals hatte sie sich einen Zinssatz von 5 Prozent für 5 Jahre gesichert. Das heißt: Sie hat noch 2 Jahre Zinssicherheit. Aufgrund der positiven Konjunkturentwicklung, die vermutlich Leitzinserhöhungen nach sich ziehen wird, geht Frau Kunald davon aus, dass die Bauzinsen in 2 Jahren höher sein werden als zum jetzigen Zeitpunkt. Da sich Gabriele Kunald keine höhere Monatsrate als die 600 Euro, die sie bisher zahlt, leisten kann, müsste sie bei einem höheren Hypothekenzins ihre Tilgung verringern, um das Darlehen weiterhin bedienen zu können. Weil sie dies vermeiden will, entscheidet sie sich für ein Forward-Darlehen. Zum Zeitpunkt ihrer Überlegungen befinden sich die Bauzinsen bei lediglich 4,4 Prozent. Da sie 24 Monate Vorlaufzeit benötigt, müsste sie einen Zinsaufschlag von 0,48 Prozent zahlen. Dadurch ergibt sich ein Zins von 4,88 Prozent für die Anschlussfinanzierung in 2 Jahren. Frau Kunald entscheidet sich zu diesem Schritt und belässt die Monatsrate auch künftig bei 600 Euro. Die leichte Zinsersparnis von 0,12 Prozent kann sie damit direkt in eine etwas höhere Tilgung investieren.

Lohnt sich für Sie ein Forward-Darlehen?

Ob für Sie ein Forward-Darlehen sinnvoll ist, hängt von verschiedenen Faktoren ab. Wenn Sie eine der folgenden Fragen mit „Ja" beantworten können, sollten Sie sich genauer über ein Forward-Darlehen informieren:

Frage	Ja	Nein
Müssen Sie eine höhere Monatsrate zur Anschlussfinanzierung ausschließen?		
Ist das aktuelle Zinsniveau niedriger als zum Zeitpunkt Ihrer Kreditaufnahme (mindestens 0,8 Prozent günstiger)?		
Rechnen Sie in den kommenden Monaten und Jahren mit steigenden Hypothekenzinsen?		
Liegt die Restschuld zum Anschlusstermin bei mehr als 60 Prozent der ursprünglichen Kreditsumme?		

Vorsicht vor Umschuldungsangeboten

Die Produktinformation liest sich gut und klingt nach einem Schnäppchen: „Das Zinsniveau ist auf einem historischen Tiefstand. Profitieren Sie jetzt von den aktuell günstigen Zinsen. Wechseln Sie mit Ihrem Darlehen und verlängern Sie die Festsatzkondition Ihrer bestehenden Finanzierung vorzeitig ohne zusätzlichen Liquiditätsaufwand", heißt es bei einer großen deutschen Privatbank zu einem Umschuldungsprodukt.

Normalerweise laufen Kredite mindestens bis zum Ende der Zinsfestschreibung. Wer die Finanzierung früher beenden möchte, um beispielsweise von niedrigeren Zinsen zu profitieren, muss eine so genannte Vorfälligkeitsentschädigung (siehe S. 19) zahlen. Dies lohnt sich selten, weil die Entschädigung die Ersparnis durch den günstigeren Hypothekenzins fast immer auffrisst. Bei dem beworbenen Kredit handelt es sich um ein Modell, bei dem die Entschädigung über die neue Zinsfestschreibung mitverrechnet wird. Das heißt: Man löst die Restschuld vor Ende der Zinsbindung ab und finanziert die Vorfälligkeitsentschädigung durch den neuen Kredit innerhalb der aktuellen Zinsfestschreibung. Dies ist jedoch eine kostspielige Angelegenheit, weil der angebotene Hypothekenzins meist extrem unattraktiv ist und man diese Kondition aufgrund der Zinsfestschreibung für einen langen Zeitraum zahlen muss (siehe nachfolgendes Beispiel). Das Modell lohnt sich nur, wenn man sofort die Höhe der Monatsrate senken muss. Doch auch in diesem Fall wäre eine Tilgungsaussetzung die günstigere Alternative.

Beispiel: Teure Umschuldung

Thomas Schmidt hat einen Kredit mit zehnjähriger Zinsbindung zu 8 Prozent aufgenommen. 2 Jahre vor Ende der Zinsfestschreibung sieht Herr Schmidt das Umschuldungsangebot „Zins aktiv". Dieses ermöglicht es ihm, seine Zinslast sofort auf 6 Prozent zu senken. Das klingt verlockend. Dadurch könnte er seine Monatsrate sofort erheblich reduzieren. Das Problem: Die Hypothekenzinsen sind zum Zeitpunkt dieses Angebotes bei 4 Prozent. Die Konditionen von „Zins aktiv" liegen also sagenhafte 2 Prozent über den Bestsätzen am Markt. Durch die verfrühte Umschuldung könnte Herr Schmidt zwar sofort seine Monatsrate senken, allerdings müsste er sich den schlechten Zinssatz von 6 Prozent wieder für 10 Jahre festschreiben lassen. Und dieser liegt wie gesagt 2 Prozent über dem Bestsatz. Sinnvoller wäre für Thomas Schmidt folgende Variante: Er harrt die 2 Jahre bis zum Ende seiner Zinsbindung aus und zahlt weiterhin die hohen 8 Prozent Hypothekenzinsen. Gleichzeitig entscheidet er sich bereits jetzt für ein Forward-Darlehen, das in 2 Jahren seinen bisherigen Kredit ablöst. Dieses Forward-Darlehen bekäme er inklusive Forward-Aufschlag zu 4,4 Prozent. Dies ist zwar für Herrn Schmidt in den nächsten 2 Jahren etwas teurer – weil er das offizielle Ende seiner Zinsbindung abwarten muss. Doch nach 2 Jahren wird es im Gegenzug viel billiger. Denn: Mit Beginn des Forward-Darlehens ist seine Monatsrate durch den 4,4-Prozent-Zins wesentlich günstiger. Der Zinsvorteil beträgt ganze 1,6 Prozent. Dadurch spart er im Lauf der Zinsbindungsfrist mehrere zehntausend Euro.

Variable Kredite für die Prolongation

In 10 Jahren kann viel passieren. Die Kinder sind aus dem Haus. Man wechselt seinen Job. Das eigene Unternehmen floriert und wirft Gewinne ab. Was auch immer in den ersten Jahren der Laufzeit eines Kredites geschieht: Bei vielen Darlehensnehmern ändert sich das Sicherheitsbedürfnis, die finanzielle Ausstattung oder die Chancenorientierung.

Aus diesem Grund ist es nur logisch, die Prolongation den neuen finanziellen Gegebenheiten und Bedürfnissen anzupassen. Folgende Fragen könnten zum Ende der ersten Zinsbindung eine Rolle spielen:

- Hat sich mein Bedürfnis nach Sicherheit geändert?
- Wie sieht meine finanzielle Situation aus? Sollte ich die Rate für den Immobilienkredit in gleicher Höhe beibehalten? Sollte sie eher gesenkt oder erhöht werden?

- Mit welchen Einnahmen rechne ich in den kommenden 10 Jahren?
- Würde ich ein höheres Risiko eingehen, um bessere Hypothekenzinsen zu bekommen?

Wenn Sie sich diese Fragen stellen, werden Sie je nach Antwort schnell selbst merken, dass ein Festzinsdarlehen für Sie vielleicht nicht die optimale Anschlussfinanzierung ist. Aus diesem Grund sollten Sie zur Prolongation auch neue Darlehensarten in Betracht ziehen. Variable oder teilvariable Kredite beispielsweise (S. 86-96) können dabei helfen, die Zinslast zu senken und die Finanzierung flexibler zu machen.

Stichwortverzeichnis

8plus5-Darlehen 64 f.
Allfinanz-Makler 44
Anfangstilgung 6, 10, 116
Annuitätendarlehen 7, 62 f., 66, 73, 84 f., 94
Anschlussfinanzierung 14, 112 f., 116 f., 123
Arbeitgeberdarlehen 35
Arbeitnehmersparzulage 35
Ausstiegsoption 64, 75, 77
Baugeldvermittler
   Geschichte 40
   Kooperation mit Banken 41 ff.
   Provision 39 f.
   Qualitätskriterien 44 ff.
   Test 55
   Vorgehensweise 38 f., 48 ff.
Bauspardarlehen 82 ff.
Bausparvertrag 82 f.
Beleihungsauslauf 66 f., 70, 78, 80
Bereitstellungszinsen 25
Cap-Darlehen 92 ff.
Eigenkapital 23 f., 60, 67, 69 ff., 78
EURIBOR 87, 89
Familienhypotheken 73 f.
Festzinsdarlehen 59 ff., 74 ff.
Filialbanken 25, 42
Finanzspielraum 11, 27, 48
Fördermöglichkeiten 30
Förderung
   Kirche 34
   Kommune 34
Forward-Darlehen 118, 121
Fremdwährungsdarlehen 96 ff.
Hausbank 22, 24, 38, 43, 114
Kalkulationsregeln 26 ff.
Kapitalbeschaffung 106 f.
KfW-Kombidarlehen 81 f.
KfW-Kredite 78 ff.
Kombinierte Darlehen 94 ff.
Konditionskriterien 22 ff., 52 f.
Konstant-Darlehen 62, 64
Kreditlaufzeit 8 f., 11, 61
Kreditmarktentwicklung 107 ff.
Kreditunterlagen 53 f.
Muskelhypothek 29 f.
Prolongation siehe
   Anschlussfinanzierung
Realkredite 104 f.
Rundum-Sorglos-Kredite 109
Schufa 102
Selbstauskunft 108
Spezialkredite 69, 103 f.
Starterhypothek 71, 73
Tilgung 32, 116
Tilgungsaussetzung 100
Tilgungshöhe 6 ff., 62, 116
Umschuldung 54, 114 f., 119, 121 f.
Variable Darlehen 86, 88, 90, 92, 123
Vollfinanzierung 66 ff., 71
Volltilgerdarlehen 61 f.
Vorfälligkeitsentschädigung 19 f., 72
Vorläufer-Kredite 119
Währungsschwankung 97
Wohn-Riester 31 f.
Wohnungsbauprämie 33
Zinsbindung 11 ff., 17, 19, 47, 59 f., 68, 111, 113, 117
   Test 20
Zinsentwicklung 88
Zinsniveau 8, 18, 69, 99
Zinssicherheit 120

Bibliografische Information der Deutschen Bibliothek
Die Deutsche Bibliothek verzeichnet diese Publikation in der Deutschen Nationalbibliografie; detaillierte bibliografische Daten sind im Internet über http://dnb.ddb.de abrufbar.

ISBN 978-3-448-09395-7
Bestell-Nr. 00965-0002

2., aktualisierte Auflage 2009

© 2009, Rudolf Haufe Verlag GmbH & Co. KG, Niederlassung Planegg b. München
Postanschrift: Postfach, 82142 Planegg
Hausanschrift: Fraunhoferstraße 5, 82152 Planegg
Fon (0 89) 8 95 17-0, Fax (0 89) 8 95 17-2 50
E-Mail: online@haufe.de
Internet: www.haufe.de
Lektorat: Susanne von Ahn, 25474 Hasloh
Redaktion: Jürgen Fischer

Alle Rechte, auch die des auszugsweisen Nachdrucks, der fotomechanischen Wiedergabe (einschließlich Mikrokopie) sowie der Auswertung durch Datenbanken oder ähnliche Einrichtungen vorbehalten.

Konzeption und Realisation: Sylvia Rein, 81379 München
Umschlaggestaltung: Simone Kienle, 70182 Stuttgart
Umschlagentwurf: Agentur Buttgereit & Heidenreich, 45721 Haltern am See
Desktop-Publishing: Agentur: Satz & Zeichen, Karin Lochmann, 83129 Höslwang
Druck: freiburger graphische betriebe, 79108 Freiburg

Zur Herstellung der Bücher wird nur alterungsbeständiges Papier verwendet

Die Autoren

Kai Oppel

hat Kommunikationswissenschaften studiert und ist Pressesprecher bei dem Mannheimer Baugeldvermittler Hypotheken-Discount. Er ist außerdem Autor mehrerer Sachbücher und arbeitet freiberuflich als Journalist, unter anderem für die Financial Times Deutschland sowie für Spiegel Online.

Sven Radtke

arbeitet in München als Baugeldexperte. Nach dem Studium der Fächer Bankmanagement, Unternehmensfinanzierung und Finanzmärkte war er mehrere Jahre bei einer großen Unternehmensberatung tätig, für die er weltweit Kreditinstitute beraten hat.

Weitere Literatur

„Immobilien bewerten leicht gemacht", von Jörg Stroisch, 264 Seiten, mit CD-ROM, € 29,80.
ISBN 978-3-448-08071-1, Bestell-Nr. 06356

„Günstig bauen. Richtig kalkulieren", von Hans-Jürgen Krolkiewicz, 264 Seiten, mit CD-ROM, € 29,80.
ISBN 978-3-448-08072-8, Bestell-Nr. 06355

„Immobilienkauf. So umgehen Sie die teuersten Fallen", von Michael Brückner und Franz Lücke, 205 Seiten, mit CD-ROM, € 16,80. ISBN 978-3-448-08710-9, Bestell-Nr. 06251

TaschenGuides – Qualität entscheidet

Bereits erschienen:

- **Der Betrieb in Zahlen**
  - 400 € Mini-Jobs
  - Balanced Scorecard
  - Betriebswirtschaftliche Formeln
  - Bilanzen
  - Buchführung
  - Businessplan
  - BWL Grundwissen
  - BWL kompakt – die 100 wichtigsten Fakten
  - Controllinginstrumente
  - Deckungsbeitragsrechnung
  - Einnahmen-Überschussrechnung
  - Finanz- und Liquiditätsplanung
  - Die GmbH
  - IFRS
  - Kaufmännisches Rechnen
  - Kennzahlen
  - Kleines Lexikon Rechnungswesen
  - Kontieren und buchen
  - Kostenrechnung
  - Kleine mathematische Formelsammlung
  - VWL Grundwissen

- **Mitarbeiter führen**
  - Besprechungen
  - Führungstechniken
  - Die häufigsten Managementfehler
  - Management
  - Managementbegriffe
  - Mitarbeitergespräche
  - Moderation
  - Motivation
  - Projektmanagement
  - Spiele für Workshops und Seminare
  - Teams führen
  - Zielvereinbarungen und Jahresgespräche

- **Karriere**
  - Assessment Center
  - Existenzgründung
  - Gründungszuschuss – Erfolgreich in die Selbstständigkeit
  - Jobsuche und Bewerbung
  - Vorstellungsgespräche

- **Geld und Specials**
  - Die neue Rechtschreibung
  - Eher in Rente
  - Energieausweis
  - IGeL – Medizinische Zusatzleistungen
  - Immobilien erwerben
  - Immobilienfinanzierung
  - Sichere Altersvorsorge
  - Geldanlage von A-Z
  - Web 2.0
  - Zitate für Beruf und Karriere
  - Zitate für besondere Anlässe

- **Persönliche Fähigkeiten**
  - Allgemeinwissen Schnelltest
  - Ihre Ausstrahlung
  - Business-Knigge – die 100 wichtigsten Benimmregeln
  - Mit Druck richtig umgehen
  - Emotionale Intelligenz
  - Entscheidungen treffen
  - Gedächtnistraining
  - Gelassenheit lernen
  - Glück!
  - IQ – Tests
  - Knigge für Beruf und Karriere
  - Knigge fürs Ausland
  - Kreativitätstechniken
  - Manipulationstechniken
  - Mathematische Rätsel und Knobelaufgaben
  - Mind Mapping
  - NLP
  - Peinliche Situationen meistern
  - Schneller lesen
  - Selbstmanagement
  - Sich durchsetzen
  - Soft Skills
  - Stress ade
  - Verhandeln
  - Zeitmanagement